东北国有林区职工家庭生计脆弱性研究

王鑫罡　著

哈爾濱工程大學出版社
Harbin Engineering University Press

内容简介

本书以英国国际发展部的可持续生计分析框架为研究的理论依托，通过对转型时期东北国有林区职工家庭的深度调查，以最原始的第一手资料对其生计脆弱性进行全方位分析，得出改善其脆弱程度的生计战略，即建议和措施，对未来一定时期东北国有林区的民生建设起到理论和现实的借鉴作用。

本书可供农林经济和管理领域的研究人员参考使用，适合本科和研究生教学使用，也可作为农林经济爱好者的研究读物。

图书在版编目(CIP)数据

东北国有林区职工家庭生计脆弱性研究/王鑫罡著. —哈尔滨：哈尔滨工程大学出版社，2017.12
ISBN 978-7-5661-1789-2

Ⅰ. ①东… Ⅱ. ①王… Ⅲ. ①国有林—林区—职工—生活状况—研究—东北地区 Ⅳ. ①D412.7

中国版本图书馆 CIP 数据核字(2017)第 328704 号

责任编辑 卢尚坤 葛 雪
封面设计 博鑫设计

出版发行 哈尔滨工程大学出版社
社　　址 哈尔滨市南岗区南通大街 145 号
邮政编码 150001
发行电话 0451-82519328
传　　真 0451-82519699
经　　销 新华书店
印　　刷 北京中石油彩色印刷有限责任公司
开　　本 787 mm×960 mm　1/16
印　　张 9.75
字　　数 201 千字
版　　次 2017 年 12 月第 1 版
印　　次 2017 年 12 月第 1 次印刷
定　　价 39.80 元
http://www.hrbeupress.com
E-mail:heupress@hrbeu.edu.cn

序

森林是人类文明的摇篮，为人类生存提供了基本的生活条件。人类从森林走向社会，走向文明。从早期的汉里希·冯·卡洛维茨的森林永续经营构想（1713年）、奥拓·冯·哈根的森林多功能论（1867年）、B.马丁的木材培育论（1974年）、J.福兰克林的新林业理论（1985年）、鲁道夫·施莱佛的森林可持续经营理论（1992年）等，到21世纪初的“巴厘岛路线图”、哥本哈根减排计划承诺、各国开发新能源、发展低碳经济模式，森林资源、生态环境与人类发展之间的联系更加紧密，客观上要求林业对生态环境和社会承担责任，在提高经济效益的同时人们更加注重生态效益和社会效益，迫切需要从理论与实践两方面对林区职工家庭生计脆弱性进行研究。

1986年，世界银行等国际组织开始开展脆弱性相关理论研究。国内外很多学者尝试了通过不同的方法对脆弱性群体进行测度研究。但是，针对我国林区所进行的全方位、多角度的研究几乎空白。自20世纪90年代以来，中国政府一直致力于解决东北乃至华北生态环境建设与林区经济建设的发展问题，在恢复东北国有林区森林资源、预防林区居民出现贫困问题方面取得了一定的成绩。2014年1月，国家林业局出台了《国家林业局关于切实做好全面停止商业性采伐试点工作的通知》，该通知对于林区经济发展提出了新的挑战，政府应更加重视林区贫困预防的重要意义，尤其要预防处于贫困线边缘的脆弱性人群成为贫困人口。林区脆弱群体应成为今后各类反贫困政策和社会保障政策的一个关注重点。

东北国有林区是我国天然林集中连片面积最大的林区，是东北亚陆地生态系统的主体之一，是东北乃至华北重要的生态屏障，是黑龙江、乌苏里江、松花江等重要水系的主要发源地和涵养地，是国家主体生态功能区的重要组成部分。特殊的自然气候（冬长夏短）、地域文化（夏菜冬储）、营养需求（耐寒食品）、饮食结构（高热量），以及社会经济发展等综合因素对林区居民营养脆弱性具有重要的影响。

因此,在全面停止天然林商业性采伐的前提下,关于预防生态屏障地区贫困的特殊性研究显得极为重要。

作者以英国国际发展部(简称 DFID)的可持续生计分析框架为研究的理论指导,以东北国有林区职工家庭生计的脆弱性为研究重点,以东北国有林区职工家庭为研究对象,结合中国市场经济发展的客观要求和高等院校创新创业的需要,侧重从生计资本禀赋角度对东北国有林区职工家庭生计脆弱性的测度和影响因素进行研究,取得了以下创新性成果。

第一,首次运用 DFID 分析框架,针对东北国有林区居民家庭生计脆弱性进行深入的多维研究,即以"脆弱性理论 - 可持续生计理论 - 脆弱性抗逆力理论"形成的三维分析框架为理论基础,丰富了生计脆弱性研究的理论和范式。

第二,运用英国国际发展部的可持续分析框架,把林下经济作为重要影响因素之一,引入东北国有林区经济转型时期对林区职工家庭的生计脆弱性研究中,对区域职工家庭生计脆弱性研究得相对全面而深入。

第三,重构了东北国有林区职工家庭生计脆弱性评价指标体系,并应用参考性和实践性很强的职工家庭生计原始数据验证其普适性,将其作为学术成果在东北国有林区推广应用,促进东北国有林区职工家庭生计脆弱性测度和跟踪监测及扶贫瞄准。

东北国有林区职工家庭生计脆弱性的研究是一项系统工程,王鑫罡同志集多年的研究成果,提出了东北国有林区职工家庭生计脆弱性的模型解释、监测体系与评价指标体系,为降低东北国有林区职工家庭生计脆弱性、制定相应的政策和战略,引领调整和转型过程中的林业民生事业进入新的历史阶段奠定了基础。这是一部具有探索性、开拓性、创新性的著作,具有一定的学术价值和决策、借鉴意义,尽管书中有的提法、见解可能还值得商榷,有的结论还有待于实践验证,但它不失为一本好书,很值得一读。

东北林业大学博士生导师、学科负责人　岳上植

2017 年 11 月

前　言

各国林区职工家庭的生计脆弱性状况是全世界的三大经济难题之一，一直以来受到各国政府、社会各界，以及各种国际组织的广泛关注。世界环境与发展委员会(the World Commission on Environment and Development)强调满足最贫困人口的最基本需要的必要性，同时强调怎样保持和增进资源生产能力，以及这些措施又如何创造更多的谋生机会的必要性。中国政府在“十三五”规划中把生态文明建设纳入中国特色社会主义事业总体布局中，国家林业局及各级林业部门也以科学发展观为指导，以生态文明建设为目标统领工作。本书以东北国有林区职工家庭生计的脆弱性为研究对象，以东北国有林区职工家庭为研究单位，以入户随机抽样调查样本数据为依据，以改善生态和民生、降低林区职工家庭生计脆弱性为研究目的，运用文献分析法、回归分析法、比较分析法、主成分分析法等，从生计资本禀赋角度对东北国有林区职工家庭生计脆弱性进行了测度和影响因素的分析，进而为相关政府部门提出具有可操作性的建议，对东北国有林区职工家庭生计救助和扶贫具有重要的理论和现实意义。本书的主要工作分为以下四个部分。

1. 梳理东北国有林区生计脆弱性研究的相关研究进展

东北国有林区职工家庭生计脆弱性是东北国有林区经济发展和转型的产物。本书通过对国内外生计脆弱性研究文献进行归纳和分析，梳理目前生计脆弱性的研究框架、方法和观点，为研究东北国有林区职工家庭生计脆弱性奠定基础。

2. 测度东北国有林区职工家庭脆弱性并分析其产生的原因

依据本书著者于2014年7月20日—8月11日，随同国家林业局课题项目组(2014年重点国有林区民生监测调研组)收集到的东北国有林区职工家庭的实地入户调研问卷的样本数据，同时以英国国际发展部(简称DFID)的可持续生计分析框架为研究的理论基础，测度东北国有林区职工的生计脆弱性程度，进而对国有林区职工家庭生计脆弱性产生的原因进行深度分析。

3. 构建东北国有林区职工家庭生计脆弱性模型并重构评价指标体系

运用主成分分析法，通过对特定地区（本书专指黑龙江省、吉林省和内蒙古自治区）职工家庭生计情况的入户问卷调研跟踪数据的样本数据进行分析，建立东北国有林区职工家庭生计脆弱性的测度模型和评价指标体系。

4. 基于生计脆弱性视角，探讨如何优化国家扶救干预政策

国家区域及行业扶救干预政策要考虑到对国有林区职工家庭可能产生的不同影响，确保政策对不同群体的公平性、公正性，避免各项政策对市场的无效干预，最大限度地将政策福利惠及于民，最大可能地发挥各项干预政策对市场的有效调节作用。对东北国有林区职工家庭生计脆弱性的研究为干预政策的瞄准提供了依据和支撑。

在中国，对于生计脆弱性的关注和研究尚处于酝酿和形成阶段，没有相对完整、系统地对东北国有林区职工家庭生计脆弱性进行研究的文献。本书把林下经济这一中国林业发展和转型的重要因素引入生计资本分析框架中，并根据目前学术界涉及的民生和生计评价体系设计，重构了东北国有林区职工家庭生计脆弱性评价体系，这是对此类研究的补充和完善，为国有林区职工家庭生计脆弱性研究体系的构建提供可借鉴的范式。本研究成果的推广和应用将为中国国有林区民生建设及其经济发展带来社会效益、经济效益和生态效益。

由于本人水平有限，书中难免有不妥和错误之处，恳请读者批评指正。

著　者

2017 年 12 月

目　录

第1章 绪　论

1.1 研究的背景和意义

1.1.1 研究的背景

20 世纪末至 21 世纪初，世界各国政府以及各种国际组织都逐渐认识到，在大力发展经济和贸易的同时，各国的生态环境也发生了明显的变化，生态恶化、环境污染越来越严重，在某种程度上已制约了人类社会的进步和经济的发展。各国政府对生态环境的保护已越来越重视。2009 年在丹麦哥本哈根召开的世界气候大会，对未来世界气候的变化进行了严谨、科学的研讨，并签署了新的全球行动协议。此后，各国一直致力于加强本国经济发展与生态和谐工作，均取得了相当可观的成绩。同时也应该看到，由于政府制定和实施的诸多国民保障政策的公平公正性不够完善、前瞻性缺失、针对性不强、瞄准程度不够精准、可考量和操作性较弱、各级政府部门执行政策的力度相对不到位等原因，在未来相当长的时期，加强环境保护和生态建设、发展绿色经济、改善林区民生仍是人类社会发展所面临的一项世界性的艰巨任务。

联合国开发计划署发布的《2014 年人类发展报告》的题目为《促进人类持续进步:降低脆弱性，增强抗逆力》。报告中指出，目前在世界 177 个国家和地区中，有 91 个发展中国家的 15 亿人口正遭受健康、教育和生活水平等方面的多重剥夺。报告中强调，若不通过调整政策和社会准则、提供基本的社会服务和社会保障体系等系统方法和举措来降低脆弱性，提高个人和社区抗逆力来抵挡随时可能出现的内部和外界带来的冲击，人类的发展进步将无法确保公平性和可持续性。中国共产党第十八次全国代表大会把生态文明建设纳入了中国特色社会主义事业的总体规划布局，中国国家林业局和国家各级林业部门也以科学发展观为总体指导，以生态文明建设为最终目标,以改善生态环境和民生状况为己任,加速降低林区民生脆弱性。世界环境与发展委员会(the World Commission on Environment and Development)的成立,重新强调和重视了满足全世界最贫困人口的最基本(即最低)需要的必要性,也重新强调了如何保持和增进贫困家庭生计资源生产能力,这些措施又如何再生出更多的生计机会、策略及生计结果的必要性。可见,居民家庭生计脆弱性研究是世界经济发展和人类进步的永恒主题。

有关脆弱性的研究是20世纪80年代以来国际上在生态环境的变化和可持续发展研究中出现相对频繁的一个新概念。在地理学研究领域,P. Timmerman在1981年率先使用了脆弱性这一概念。1982年,在经济学研究领域,P. Hyman Minsky系统地提出了金融脆弱性假说,并在本领域的研究中迅速扩展和升温。社会学里的脆弱性主要用于对贫困和可持续生计问题的研究。作为一种新型的研究范式,有关脆弱性的研究已经在不同领域和不同学科得到广泛的理论探讨和应用研究,且学术界对脆弱性研究也越来越关注。随着对各领域脆弱性研究的不断深入,在学术界,一些学者提出把脆弱性作为一个基础科学体系来对待。近十几年来,Newell等许多学者开始运用自然和社会系统相结合的方式来理解脆弱性的内涵和应用,认为脆弱性代表着人与环境综合研究的概念集群。如何构建更具弹性和适应能力的社会?Turner和Matsond等学者提出了融合自然、经济、社会、制度、文化等特征的"人-环境"耦合系统(Coupled Human Environment System)脆弱性概念。Eakin等人的研究重点从单纯的自然系统脆弱性演变为以人和社会为中心,注重人和社会在脆弱性的形成以及降低脆弱性的过程中的作用,并将人与社会的主动适应性作为脆弱性评价的核心问题。世界银行于2000年首次提出了"贫困脆弱性"的概念,即以前瞻性的判断考虑到居民家庭生计上未来的福利缺失或与其相关联的风险冲击,因此,使家庭生计贫困的定义逐步趋势化、动态化。也就是说,贫困脆弱程度越高,家庭生计未来陷入贫困的可能性就越大,脆弱性高的概率就越大,反之则越小。生计脆弱是贫困脆弱的一种特殊形式。

综合以上各领域对脆弱性给出的判断,脆弱性大体上包括以下四层含义:

(1)它表明某一系统存在内在的不稳定因素,也就是说,脆弱性不具备不确定性,任何一个系统都含有其特有的具有确定性的不稳定因素,它是系统本身所含有的。

(2)脆弱性系统对外界的各种干预和各种变化具有相对敏感性。

(3)在外界的干扰和外部环境变化等多方面风险和冲击的胁迫下,脆弱系统很容易遭受一定程度的丧失或损毁,且一般来说难以恢复原样。脆弱性是一切危害发生的根本原因。

(4)脆弱性是一种概念集合,它包括风险性、敏感性、适应性等一系列信息,还具有恢复因缺乏抵抗力而造成的系统结构和系统功能发生改变的属性，是区域内全部或者局部社会体系及社会结构向下运动的趋势和内在能力。因此，如果不对脆弱性进行控制和优化等有效的正向干预，不创造条件使其向好的方向发展，那么结果就是脆弱性越来越高，形成突发事件的风险越来越大，最后就会在某一时刻发生不可逆的危机和损害，在一定程度上影响区域居民的生活、生产，从长远看，还会影响社会进步，影响区域及整体经济发展。

东北国有林区的发展，理论上应该是森林自然资本与区域社会资本及联系二者的人力资本间形成的三方或者多方特别契约。中国林业产业结构调整和林业经济转型，在较长的时期内或者在本研究给定的时期内，会有大量林业人口和林区职工家庭的生计呈现出脆弱性的大幅度变化，最终将直接影响全国，尤其是东北国有林区职工的家庭生计资本的禀赋和积累，使政府保障及扶救政策的瞄准难度加大，并使这种现象的存在和这种趋势的持续蔓延成为必然。2010 年以来，东北国有林区职工家庭生计脆弱性问题受到专家学者的广泛关注。在中国最大的、国有林相对集中的东北林区，在给定年份，具有脆弱风险趋势的林区职工家庭数量比真正需要救助的人口数量要高出一倍多(2011—2013 年的《中国林业年鉴》)。这种生计脆弱不只是物质的匮乏，还包括区域内整体的一种精神状态：面对突发事件时的无力、困惑、无知，以及对事态控制的无能为力。

职工家庭生计的变化、综合人力资源的形成及供给情况都在发生显著性变化，即所谓的家庭生计脆弱性的显著性和显著程度。2014 年 4 月 1 日起，东北国有林区全面停止商业性采伐。2015 年 4 月 1 日起，由中国国家林业局和财政部共同发起在黑龙江省重点国有林区进行全面停止天然林商业性采伐的试点工作。自此，黑龙江省的龙江森工集团、大兴安岭森工集团将全面停止对区域内天然林的商业性采伐工作。东北国有林区职工家庭生计的脆弱性问题越来越受到当地政府和林业部门及国家相关部门的关注。“天保”工程(我国天然林资源保护工程，简称“天保”工程)二期的重点集中在国有林区的民生问题上，这对东北国有林区职工家庭来说是个机遇。2011 年，国家批准大小兴安岭生态功能区的建设规划，东北国有林区社会经济的管理体制、发展模式等发生重大变革，这首先给国有林区的职工家庭结构和消费结构带来最基本的影响。对脆弱性程度相对较高的东北国有林区脆弱人群(职工家庭脆弱性程度相对较高的人群)的形成因素进行分析，可预防国家生态建设中因国有林区经济转型和经济结构调整而带来的国有林区职工家庭脆弱性大幅变化，预防因职工家庭脆弱性增高而带来的社会人力资本综合实力下降等一系列问题，对降低东北国有林区民生脆弱程度具有重要的理论意义和客观的现实意义。具有脆弱性的林区职工家庭的生计问题应该成为今后各国政府和各类国际组织实施扶救政策和制定社会保障政策的一个重要关注点和瞄准对象。以黑龙江省国有林区职工家庭为单位,对东北国有林区职工家庭生计脆弱性的研究,是制定降低国有林区职工家庭生计脆弱性、提高民生福祉政策相对准确的切入点。

目前,针对林区职工家庭生计脆弱性的研究与评价也是世界经济发展研究中的弱点和难点,更是世界林区可持续发展生计研究的热点之一。国有林区职工家庭生计脆弱性的研究,对世界各国及各类国际组织制定相应的扶贫和救助性政策具有重要的理论和现实意义。

1.1.2 研究的意义

1. 研究的理论意义

(1)有助于国家准确测度国有林区社会福利的重要维度

脆弱性的存在会增加国有林区居民家庭的生活不安全程度,增加其对未来的生存风险估计和生活各方面的不确定性,这是行为经济学涉及的基础理论,对这种现象的产生、存在、成因及相应的解决建议的研究越来越引起国际社会的高度重视。研究林区居民家庭生计脆弱性,尤其对东北国有林区居民家庭生计脆弱性的研究是对已有关于林区居民家庭涉及贫困脆弱性及救助情况研究的进一步的补充、完善和升级。

(2)有助于为政府制定预防林区绝对贫困政策提供支撑和依据

现行的价格调控政策对农民及城镇居民的经济收入和生活水平的有利影响已经相当显著,但对于相对脆弱的林区居民家庭生计的影响是不确定的。实行一项政策的最终目标莫过于惠及更多群体,使社会总福利的损失降到最低,并提高政策的公正性和公平性。对国有林区居民家庭生计脆弱性产生的根源及决定因素的研究,将为东北国有林区差别救助政策的设计提供参考,有利于提高林区生计脆弱群体的社会福利,为制定预防林区居民家庭贫困的政策选择提供重要的理论支撑和现实依据。

(3)有助于提高政府对事前预防职工家庭发生贫困的重视程度

在针对林区居民家庭生计脆弱性的管理和规划过程中,政府要尽可能准确地测度林区居民家庭的生计脆弱性,加大对其成因的分析和有效干预,防患于未然,防止已经预见的不利趋势进一步扩大。发展对脆弱性的研究就是要将减少事后贫困与事前预防贫困尽可能充分地结合起来,将当下和未来可能出现的贫困家庭纳入政策扶持基准目标,阻止当前虽然不在绝对贫困范围之列但未来有可能陷入绝对贫困,即赤贫的家庭进入绝对贫困状态,控制这一趋势的发展,让针对东北国有林区居民家庭生计脆弱性而制定的各项政策达到效用最大化。

(4)有助于证实政府对脆弱程度较高的地区进行有效的公共干预的必要性

1980年以来,越来越多的理论研究和国有林区生产生活的实践证明,林区生计脆弱家庭在应对突发事件和应对社会风险等方面都处于弱势,此时政府的公共有效政策干预对林区贫困脆弱性的动态趋势及程度起决定性的作用。努力减少未来生存条件及社会活动中各种趋弱的不确定性,恰恰是人类生产生活的一个重要目标,而有效的公共干预正是应此职能而生:以保证林区脆弱家庭存在的各要素能以最低安全水平来对冲个人及家庭因此而产生的负效应,从而提高林区社会人力资本效率及生存品质。此研究有助于国家进行减贫策略的设计及提高风险管理策略的针对性和有效性(Tai 等)。

(5)有助于为国家研究综合脆弱性体系基本范式提供借鉴

国际上一般认为脆弱性包括三方面含义:暴露性、敏感性和适应性。而国有林区家庭脆弱性研究是从微观层面出发,不仅研究森林资源这一自然系统对林业居民家庭生计脆弱性的影响,还有由森林资源、林业生产加工、林区居民生活等共同构成的林业社区这一完整的社会系统对固定区域民居家庭脆弱性的影响研究,使脆弱性研究更具代表性、系统性、整体性,逐步形成完整的科学研究体系和系统的研究方法。

2. 研究的现实意义

脆弱性是人与各种自然的、社会的冲击相较量之后,产生的胜败趋势的可能性。在经历的结果中,失败的可能性越大,脆弱性就越高;反之,成功的可能性越大,脆弱性就越低。世界银行认为,“脆弱性是指个人或家庭将会面临某些风险和冲击的可能性”,并且由于经历这种风险而导致个人或者家庭财富的损失、生活质量和生计能力下降到某一社会公认水平的可能性。从这个定义来看,脆弱性其实包括两方面含义,即受到的某种冲击的可能性和抵御这种冲击的综合能力。因此,脆弱性是两者比较、较量的结果。

在东北国有林区居民家庭生计脆弱性的影响因素中,收入是最基础的,也是最重要的,它直接影响林区居民家庭成员的生产和生活状况,是保证居民家庭生活质量的必要条件,也是形成人力资本的重要渠道之一。近年来,由于东北国有林区采取限伐和全面禁伐等养林、护林措施,林区的生产结构产生了重大调整,林区居民的生活方式和生计手段也随着国家和地方的林业政策的变化而改变,在一定程度上对林区居民家庭生计脆弱性产生了重大影响,进而影响东北国有林区居民家庭生计五项资产的积累。

东北国有林区区域经济发展的综合因素以及各项生计资产对林区居民家庭生计脆弱性具有独特的影响方向和作用结果。而这五项生计资产又是居民家庭生活中影响力最大的要素,针对生计五项资产对中国最大的森林资源分布区域——东北国有林区居民家庭生计脆弱性的影响的研究就更具有现实意义和代表性。

东北国有林区地处东经121°11′至135°05′,北纬43°25′至53°33′,是东北亚地区的天然生态屏障,也是中国最大的国有林集中分布地区和木材主产地,是中国重要的森林后备资源培育基地。特殊的自然气候(冬长夏短)、地域文化(夏菜冬储)、营养需求(耐寒食品)、饮食结构(高热量),以及社会经济发展等综合因素,使东北国有林区居民家庭生产和生活及由此带来的生计脆弱性具有独特的影响方向、影响因素及影响结果,研究这样一个中国最大的国有森林资源分布区域的特殊性问题具有十分必要的现实意义和重要的参考价值。

(1)有利于补充和完善已有的关于林区民生脆弱性的研究

脆弱性相关的研究历史不长,最初是1981年P. Timmerman在地理学领域应用了脆弱性这一概念,并做出理论和应用研究。之后,经济学(1982年,P. Hyman Minsky)、社会学(1986年)、管理学、生态学、环境学、营养学等众多学科都涉及了相关问题,且研究视角、关注点及研究方法也各不相同。目前还没有以"可持续生计-脆弱性及抗逆力-社会排斥"三维框架理论来探索和研究居民家庭生计脆弱性的研究,尤其是对东北国有林区在新经济形势下这方面的理论及实际应用研究更是空白(目前为止没有找到相关文献)。本研究正是对这一空白的填补和对以往有关这方面研究的补充、完善。

(2)有利于提高脆弱群体的社会福利,有针对性地制定区域福祉政策

一项政策制定和实施的最终目标莫过于惠及更多的相关群体。世界各国针对本国区域居民家庭生计脆弱性的现状、原因及解决措施都有不同程度的研究。从最开始的只涉及低收入贫困的经济脆弱,发展到包括健康、教育和社会资本(生计五项资本之一)在内的能力脆弱,还有后来的包括脆弱性与社会排斥在内的权利脆弱,且都分别在不同时期制定了不同的福祉政策,不同程度地发挥着各自的积极作用,降低了居民家庭生计的脆弱程度。本研究针对东北国有林区这一特定的中国林业资源基地,可以发现林区不同脆弱群体存在不同的福利变化需求,以此作为研究目标,为本辖区管理者制定相关福祉政策提供理论依据和现实依托。

(3)有利于规范生计脆弱性的内涵和外延,为规范化研究提供借鉴

首先,明确了生计脆弱性定义的理论内涵,即由于风险事件的发生或因家庭生计能力的脆弱使风险响应能力相对低下,导致家庭可能在未来一定时期内承受某种不良生计结果,具有走向脆弱的趋势。脆弱性本质上是一个前瞻性概念,体现的是对未来的一定程度的福利损失、资源缩减、能力缺失和权利剥夺的趋势预见。

其次,规范了脆弱性的现实含义,即发生的风险事件导致的未来福利损失、资源缩减、能力缺失和权利剥夺的可能性概率。因可预测或者不可预测的事件而导致的东北国有林区居民家庭生计脆弱性的增大或者减小的趋势、程度和概率,这种

脆弱性的变化即东北国有林区居民家庭生计能力和结构变化导致的居民家庭生计脆弱性变化趋势及可能性的大小和成因。

此外，还有一些林区居民家庭成员的真实资料无法准确获得，造成信息缺失，从而难以准确度量脆弱性的形成因素。但这些因素却是客观存在的，且有些信息资源还会对某些居民的生活品质产生重大影响，进而影响其是否会返贫或在此基础上居民家庭生计脆弱性发生的趋势及概率。比如林区居民的健康水平、教育影响、认知程度、消费观念、生活理念、当地的社会化服务程度、社会关系及人际关系圈（无形资源信息）等。本书不只研究了货币可以度量的维度，如收入、消费等，也研究了社会资本等非货币度量因素。

（4）有利于国内外学者做进一步的生计脆弱性因素分析和研究，评估指数

国际上关于脆弱性的研究，在社会学领域开始于1986年。20世纪80年代末90年代初关于民生脆弱性的研究才刚刚兴起，代表人物是Sen、Chambers以及Conway。关于东北国有林区居民家庭生计脆弱性的研究，目前还没有相关文章发表。中国知网、万方、维普等学术库还没有找到一篇完全针对东北国有林区居民家庭生计脆弱性研究方面的完整、正规的文献，国内这方面的研究更是少之又少。本研究选取东北国有林区最有代表性的黑龙江省国有林区和内蒙古自治区国有林区作为研究标的，辅之以吉林省国有林区居民家庭生计状况做比较研究，以林区居民家庭作为研究单位，采用CHNS数据采集处理系统，以黑龙江省及内蒙古自治区、吉林省国有林区（用于对比）的五个林业局、九个林场的实地入户问卷调研数据为研究样本，以英国海外发展部的可持续分析框架（SLA）为理论基础，综合运用文献分析法、实证研究法、理论分析法、模型分析法、系统分析法与对比分析法等研究方法，对东北国有林区居民家庭生计脆弱性的形成机理和机制进行精准、深入地研究。同时，对本区域居民家庭生计脆弱性状况和成因进行全面剖析，尝试建立“脆弱性－抗逆力－可持续生计－社会排斥”四维分析框架和相应的生计脆弱性指标体系，填补国内这方面研究空白的同时也为学者们对区域生计脆弱性的研究和测度做一定的补充、完善、铺垫和承接。

（5）有利于国有林区家庭生计脆弱性的后续研究，改善林区民生现状

中国山多林少，山区约占国土陆地总面积的69%，山区人口约占全国总人口的56%，中国森林资源蓄积量的80%以上集中在东北国有林区。因此，中国的林区居民家庭生计脆弱性问题主要集中在森林资源丰富的山区，东北国有林区的森林也主要分布在大小兴安岭及张广才岭这类多山地区。山区既是木本粮油、果品等林下经济作物的主产区，也是各种林木资源集中培育和生长的重点地区。加大对具有代表性、典型性山区的国有林区居民家庭生计脆弱性的调查研究，有利于因地制宜地降低山区林业居民生计脆弱性及返贫概率，有针对性地在现有国家林业

政策的基础上制定提高国有林区居民福祉的政策,促进转型过程中东北国有林区的可持续发展和林业经济的综合开发,准确测度、分析和研究东北国有林区居民家庭生计脆弱性成因、程度及范围,改善林区民生、降低其脆弱性程度、消除贫困。

1.2 国内外研究综述

1.2.1 国外研究现状

1986 年,世界银行等国际组织开始开展社会学领域的生计脆弱性相关理论研究。国内外很多学者都尝试通过不同视角和关注点、采用不同的方法和研究框架对居民家庭生计脆弱群体进行脆弱性测度和因素分析及评价等研究。

1. 不同视角下对生计脆弱性的不同理解

Reardon 和 Vosti 认为生计脆弱性是未来一定时期内居民家庭生计资产损失或者减少到当前确定的某一基准线之下的概率;Ligon 和 Schechter 提出低期望效用脆弱性(Vulnerability as low expected utility,VEU)概念,即在给定的均衡水平及该水平之上,家庭生计不显示脆弱性;Hoddinott 和 Quisumbing 提出了脆弱性量化的定义,即风险暴露脆弱性(Vulnerability as uninsered exposure to risk,VER),是对由于风险打击而产生的事后福利损失的计量;Pritchett 认为脆弱性是以后的几年里,家庭至少贫困一次的风险;Kuhl 则认为,脆弱性是“家庭遭受重大冲击导致福利降到最低水平的倾向”;Calvo 和 Dercon 强调这种冲击在不确定性到来之前就一直存在。以上研究都是从不同角度关注生计脆弱性的结果,并依此做出测度的计量方式和方法,不是对脆弱性产生的原因和过程的研究,关注面小,预测能力和效果也一般,但可操作性比较强,属于生计脆弱性研究的探索阶段。

2. 不同社会主体对生计脆弱性的影响

(1)市场对居民家庭收入和生计脆弱性的影响

Maxwell 等认为“脆弱性是个人家庭应对风险和从冲击或当前恶化的状况中恢复的能力的复合结果”,把脆弱性归纳为风险、响应和结果之间的关系。在遭遇不确定性的风险冲击之后,居民家庭生计的五项资本就会发生相应的变化,而居民就会随之转变和调整家庭消费结构、模式、数量和质量来抵消风险冲击,但这会影响家庭成员的生活质量,不利于生计各项资本的品质连续积累。Barrett 认为脆弱性是营养摄入不足而形成的身体和精神上的伤害风险,从营养学视角定义了居民家庭生计脆弱性。

居民家庭收入是影响家庭各项消费选择和结构的重要因素,这是学术界公认的观点。恩格尔定律正好说明食物支出占总收入的比例随着居民家庭收入的提高而降低。W. C. Hopper 对牛奶、鱼、禽蛋、水果、蔬菜等食物的消费选择进行了研究,发现居民家庭收入是影响各类食物消费量的决定性因素。基于以上各类研究的支撑,1980 年,世界银行在《人类发展报告》中特别提到营养不良在很大程度上反映了居民家庭生计脆弱性的程度,因此,把努力提高居民家庭收入作为改善居民家庭日常食物消费结构的长期政策。

经济冲击对发展中国家的个体家庭福利的影响已日渐引起学术界和公共政策制定者的关注。Fafchamps 指出在一定的收入条件约束下,个人会根据家庭资产的变动情况,通过改变消费选择和结构,使未来生计策略效用有最大的折现值。T. Fujii 研究了粮食价格波动对农业生产家庭的影响。而 Baker 更关注价格波动对城市居民家庭营养摄入的影响。Dercon、Skoufias、Quisumbing、Townsend 等通过对发展中国家农村家庭的研究认为,价格冲击是影响农村居民家庭的正常福利水平和营养脆弱程度的重要原因。

(2)政府对居民家庭生计脆弱性的影响

市场的不确定性和信息的不对称性对居民家庭生计各项资产的产生和积累具有显著影响,但政府可以因地制宜,依据本区域具体情况做适当补贴以降低居民家庭生计的脆弱性。目前有关政府各项惠民政策对社会福利的影响主要集中于对生计脆弱家庭的粮食补贴以及对蔬菜、水果等健康食物的补贴,即"瘦补贴"(Thin subsidies)。Besley 认为政府应该通过一次或者二次转移,依据消费者的偏好对居民家庭进行补贴以降低生计脆弱性风险,并建立政府补贴的基本框架模式。Biing-Hwan Lin 通过对美国低收入、高肥胖人群的消费行为研究认为,政府对生计脆弱性程度较高家庭的干预很有必要,直接影响生计脆弱性较高居民家庭的生产、生活、消费行为及健康状况。Bhutta 对英国国家医疗服务体系(简称 NHS)的采购与供应机构推出的"道德采购"进行研究,认为道德采购和制造要依据公平的国际劳工标准即最低薪金消费保障,以此促进对安全威胁的抵抗能力最低的脆弱人群,也就是生计脆弱程度高的居民在营养和健康等方面的保护。R. Jha 使用赫克曼模型对印度农村壮年劳动力的健康状况在政府公共政策工程和公共分配制度干预下的结果进行了测算,并得出结论:营养元素不足导致的脆弱和贫困无处不在,严重影响农村劳动力资源和农业劳动生产率。政府的农村公共工程政策和公共分配制度的有效干预可以在一定程度上促进农业劳动力健康水平和劳动生产率的提高。M. J. Salois 通过利用统计上显著的双曲线贴现参数及非流动性资产观察到的市场数据,建立指数贴现净现值模型,测度肥胖税和"瘦补贴"组合的食物政策及土地评估政策对居民健康的影响程度等。Buchinsky 使用美国当时当地的人口调查数据,通过分位数回归方法，应用 Box - Cox 转换模型。Heckman 使用面板数据，利用格兰杰因果关系，基于密度函数的正交多项式，扩展了传统的选择性偏差模型。以上研究者均以实证分析来证明，政府的不同干预政策和措施引起劳动报酬增量（工资回报）变化的不同，从而强调人力资本对于经济增长的重要性。

3. 关于脆弱性测度方法的阐述

脆弱性的测度方法可以概括为福利主义与非福利主义两大类，福利主义测度方法分为三种：预期的营养脆弱性（VEP 方法）、低期望效用脆弱性（VEU 方法）、风险暴露脆弱性（VER 方法）。

Raghav Gaiha 和 Katsushi Imai 选用了 VER 方法来研究印度农村的贫困脆弱性，并对影响印度农村居民家庭生计脆弱性的因素进行了分析；Chaudhuri 使用 VEP 方法，运用截面统计数据对印度尼西亚居民家庭生计贫困脆弱性进行了估计和测度，并对估计结果进行了对比和检验；Mcculloch 等对中国四川省的贫困脆弱性做了估计；Ligon 和 Schechter 通过计算确定，取某种消费水平（类似于贫困线）的效用和未来消费的期望效用之间的差值作为脆弱性的测度值；Calvo 和 Dercon 则沿用了 Ligon 和 Schechter 的脆弱性测度的思想，但加入了类似 FGT 指标里的有关贫困线作用的影响因素，构建了脆弱性测度框架；C. Cafiero 和 R. Vakis 通过把“不能保证远离风险”直接加入脆弱性测度的方式来构建脆弱性量化指标，依据风险型贫困线计算出贫困值以测度脆弱性；还有的学者用过去的贫困动态和福利变动测度脆弱性、用未来的期望贫困来测度脆弱性等。

非福利主义测度方法是指用收入和消费之外的信息测度脆弱性。Strauss、Dercon 和 Shnan 则把健康状况、BMI 指数的变化等作为个人脆弱性指标，并测度由于健康状况、BMI 的变化引起的劳动能力或者劳动时间的缺失所导致的家庭投资的脆弱性及对居民收入冲击的敏感性，以此用于居民家庭遇到经济冲击时对家庭生计资产投资影响情况的研究，并测度居民家庭的生计脆弱性。此外，社会学理论还创造性地提出了社会脆弱性的概念：外界环境变化时群体的不安全感和福利下降等非货币性特征称之为经济脆弱性。强调针对居民家庭生计脆弱性的对应面加以探讨。

居民生活所在地的城镇化程度、居住的地理位置等也是影响居民家庭生计脆弱状况的重要因素，且有时还是重要的影响因素。Morgan 的研究表明，生活在郊区的家庭所消费的每美元的收益均比居住在市中心的家庭高，生计脆弱程度相对较低。B. Hall 的研究显示，居住的地理位置对居民家庭各项消费总量和居民家庭生计脆弱性呈显著的正相关。

S. Horton 和 C. Campbell 认为妻子如果外出工作对家庭的生计脆弱情况起副作用。Price 认为家庭结构对居民家庭生计脆弱状况的影响也很大。Lansing 认为家庭生命周期对居民家庭生计脆弱性的影响很大。

4. 国外关于“生计脆弱性”的研究

(1)关于“生计”的研究现状

界定生计的概念为进一步研究生计奠定了基础,也为研究者提供了观察和研究新时期国有林区扶贫、环境保护等林业发展问题的新视角。对这项研究来说,要创建生计分析框架。可持续生计框架的作用是找出为提高及加强国有林区生计脆弱的家庭所做的贡献。可持续性生计途径以资产可获得性的活动为支撑,综合贫困脆弱性、风险抵抗性、居民家庭各项生计资本对环境的变化和打击的适应性等内容,在获得大量信息的基础上,设计发展计划和战略。在明确定位低收入人群后,找到制定未来发展战略的切入点,从而制定出未来发展战略,提升发展能力,逐步消除制约因素,提高生计可持续性。目前,在国际发展研究和实践中,特别是扶贫领域,已经广泛选择可持续生计途径。一些国际援助组织,例如,世界银行(World Bank)、英国国际发展部(DFID)和国际发展研究机构,越来越关注对发展中国家贫困与发展问题的研究。同时,世界环境与发展委员会(the World Commission on Environment and Development)的成立又一次强调了满足最低收入人群基本需求的必要性,强调怎样保持和提高资源生产能力,如何创造更多的谋生机会。越来越多的发展机构,无论是政府还是非政府组织,都在通过可持续生计途径设计和执行消除贫困、降低脆弱的发展方案。

(2)关于“可持续生计”分析框架的研究

2000年由英国国际发展部(DFID)发起并建立的可持续生计分析框架(SLA),目前已经被国内外许多组织和学者采纳和运用。其主要贡献之一就是为社会脆弱性的分析评价提供了指标和标准。可持续生计分析框架建立在Sen等对脆弱性的性质进行理解的理论基础上,并且把他们的工作具体化、规范化,使之成为一套单独的、可共享的、操作性强的发展规划。DFID在研究和项目实践中采用的可持续性生计分析框架是在英国Sussex大学的发展研究(IDS)及其他机构前期研究的基础上发展起来的。DFID这样评价可持续生计分析框架:生计包含人们为谋生所需要的能力、资产(包括物质和社会资源)和所从事的活动。一种生计它能够应对压力和打击,并在压力和打击下恢复;能够在当前和未来保持并加强其能力和资产的积累,同时又不损坏自然资源,这样的生计才是可持续性的。其独到之处在于:为发展脆弱性研究提供一个重要的核对清单,并概括出这些问题间的联系;它提醒人们关注关键问题的影响和过程;强调影响居民家庭生计的不同要素之间多重性的互动作用。框架以人为中心,不以线性的方式来分析,也不是提供一个现实的模型。框架所确定的增加贫困家庭生计可持续性的目标或手段包括:增加贫困居民家庭接受或使用高质量教育和信息、技术培训以及医疗卫生服务的权利或机会;营造支持和关心贫困居民家庭的平等的社会环境,使他们能够安全、稳定地使用自然资源,并能更好地管理资源;为居民家庭提供有保障的资金来源和渠道;政策与制度环境能够支持多样化的居民家庭生计策略,使其平等地享用市场销售条件。

联合国开发计划署(UNDP)也开发出对可持续性生计研究的 CARE 居民家庭生计安全框架。家庭或个人资产状况是其拥有的选择机会、采用的生计战略和所处的风险环境的基础,也是针对居民家庭生计扶贫、发展项目设计和实施的切入点。

在 DFID 的可持续性生计分析框架中,生计资本共分为五个部分:自然资本、金融资本、物质资本、人力资本和社会资本。在不同的条件下,五种生计资本可以相互转化。居民家庭生计资产的组成可以用五边形来表示,五边形的中心代表不拥有(或零拥有)价值,而外部边界则代表拥有最大的价值。

1.2.2 国内研究现状

以中国期刊全文数据库为研究载体,进行以“居民家庭生计”和“脆弱性”为关键词的论文分析搜索,发现2005年以后对生计脆弱性的研究文献虽突破百篇,但内容局限于自然、生态研究,对居民家庭生计脆弱性的深入性、本质性的研究几乎没有,且研究方向和路径相对单一,均属于可货币计量研究,而非货币计量研究非常少见,有的文章只是简单提到而已。在中国,对于生计脆弱性的关注和研究尚处于酝酿和形成阶段。

1. 可货币计量的有关脆弱性的研究

(1)对于家庭脆弱性的内涵和影响因素的分析

檀学文等针对造成贫困脆弱性的多种原因之一的经济因素,综述了经济形成的生计脆弱性的三个主要原因(市场不完善、经济全球化以及经济危机的冲击)及相应的干预措施。李瑞峰收集了2006年8月内蒙古自治区、河南省、甘肃省、陕西省的8个国家级贫困县320户农户的问卷调查数据,运用主观评价法对中国贫困地区农村居民家庭的食物安全状况、影响因素和政策含义进行了分析和研究。钟甫宁认为世界农产品价格上涨对农民收入以及居民食物消费有重要影响,建议政府应该用收入政策取代价格管制。陈秀凤通过对江西、陕西和山东三省不同食物边际消费倾向的研究,得出收入因素在居民食物消费中的影响程度。公茂刚、王学真通过膳食热能供给量、粮食供应量和粮食消耗量等指标分析发展中国家的粮食安全问题和状况,从历史和现实的角度分析了发展中国家粮食安全的脆弱性特点及其原因,并将原因归纳为一个“度”,即一种可计量的数量依据,“度”的产生与系统内、外部结构和驱动力均有直接关系。张车伟借鉴明瑟尔(Mincer)的人力资本理论和营养、健康与效率模型构建了脆弱性计量模型,并分别采用三组调查数据和工具变量法对脆弱性进行了稳健性评估。高梦滔等分析了健康和疾病对民生脆弱性的影响,通过对中国8个省份1 354户家庭15年的微观面板数据测算发现,严重的疾病是居民家庭发生脆弱风险的重大因素之一。

(2)对于家庭生计脆弱性的测度和评价方法的分析

中国学者在生计脆弱性的定量测度方面趋同性很强,但多数都是采用预期的贫困脆弱性(VEP)这一测度方法,这是由 Chaudhuri 和 Jalan 研究的测度方法。章元、万广华、李丽等使用平衡面板数据来估计民生脆弱性,依据 CHNS 数据库收集到的给定年份的面板数据,对居民家庭生计脆弱性进行了测试和分析,并与一年后的变化状况进行对比,判断居民家庭生计脆弱性,进行居民家庭生计政策瞄准;刘红丽研究了关于脆弱性的概念和测试方法;黄潇运用 CHNS 数据库 2000—2009 年的跟踪调查数据,对营养、健康与贫困脆弱性之间的关系指数 HUI 及影响程度进行了测度和分析;黄承伟、王小林等的研究创新是归纳出一个关于风险、脆弱性的概念框架,对贫困脆弱性有关理论与测度方法、低期望效用脆弱性进行了较好的综述、梳理和详细介绍;张车伟等采用直接估计法研究得出,收入与营养摄取的影响存在正相关关系。

目前,国内主流评价方法是英国国际发展部提出的可持续生计分析框架应用于贫困人口的生计脆弱性评价。总结起来,国内居民家庭生计脆弱性研究中常用的方法有五种:综合指数法、图层叠置法、函数模型评价法、模糊物元评价法、危险度分析法。李鹤、李小云等用指标体系进行定量分析的方法,抽样调研中国4个省份(福建省、江苏省、山东省、陕西省)的部分农户的自然资本、物质资本、金融资本、人力资本及社会资本的家庭占有现状,研究得出这些村县公共设施体系和社会服务体系非常薄弱,本地的贫困脆弱性很高的结论。生计脆弱性量化应用性和可操作性指标体系设计在国内还有待于系统化、规范化的检验和修正。

(3)对于家庭生计脆弱性的干预政策及措施的研究

本质上来说显性化的居民家庭生计脆弱性是干预系统运行程度与居民家庭生计脆弱性高低博弈的最终表现形式。脆弱性也是一个多维度和多层面的问题,这就决定了生计脆弱性研究的不只是某一个个体脆弱性存在的问题、成因及应对和干预措施,相反这是一个系统性的尽可能量化的工程问题。这要求以家庭为单位形成全社会对生计脆弱性的干预保障系统,而系统的能力和运行机制决定了居民家庭生计脆弱性的高低及发生频率。

2. 非货币计量的社会性因素对脆弱性的影响

居民生活所在地的地区差别、城镇化水平、相关政策等也是影响居民生计脆弱性的显著性因素。徐伟等认为,家庭拥有的社会资本不仅可以直接降低居民未来的生计脆弱性，而且还可以抵消家庭成员之间互相承受的负向冲击影响，从而间接地、内在地降低居民家庭的未来生计脆弱性。秦富、周津春认为，地区差异的显著性（城乡二元制结构）是影响中国城镇和农村居民之间的动物性食物消费的关键因素，城乡二元经济社会结构所导致的城乡经济发展的不平衡造成了城乡居民对动物性食物消费的差别。李伯华等认为，消除家庭生计脆弱性应消除家庭因社会关系，包括社区层面、网络断裂和重建带来的风险冲击。黄季焜、黎东升等通过对居民生计状况调查数据进行测算、研究，得出社会发展和城镇化水平是影响居民生计资产组合和生计方式选择结构的重要因素的结论。关于非货币计量的居民家庭生计脆弱性的测度及评价指标的量化问题可以通过模糊数学的隶属函数数学分析法给予量化处理，对引起居民家庭生计脆弱性的各项指标做出具体量化评价。

3. 可持续生计的研究现状

在国际社会对可持续生计研究进行得如火如荼的时候，国内对可持续生计研究也逐步开展起来。基于对数据库的学术关注度统计，可持续生计研究从 2003 年开始出现跳跃式增长，逐渐成为中国学术界的一个研究热点。国内学者的研究大多是运用可持续生计的思想和可持续生计分析框架对农户的生计状况进行研究。21 世纪初期，可持续生计的思想在我国初见端倪。玛莎罗伯特、杨国安等，将生计的基本概念和研究方法等引入中国，并对可持续生计方法和脆弱性方法做了比较分析。唐钧将城市扶贫、城市就业和可持续生计相联系，围绕这两个概念，提出相应的对策建议。李斌等结合国际发展研究机构对农村扶贫等问题的实践经验，对生计的概念、生计分析框架、生计途径等方面给予评述。当国内学者对可持续生计理论和框架了解后，大多数研究都是采用英国国际发展部开发的可持续生计框架，脆弱背景下的生计资产框架是其核心内容。国内学者的研究重点是生计资产方面，通过研究居民家庭生计资产的组合状况，来分析农户的生计状况和影响因素。李琳一等从微观角度研究生计方式，以可持续生计分析框架为基础，探讨了五种生计资产的不同特征。徐鹏等利用可持续生计分析框架，构建了居民家庭生计资产评价模型，对中国西部县（区）农户家庭生计资产状况做了实证分析。宋浩昆等利用可持续生计分析框架中的生计资产模型，做了社区可持续生计项目影响的参与式评估应用研究。杨云彦等对南水北调（中线）工程库区的农户家庭生计资产现状进行了实证分析。通过研究得出：在南水北调工程的冲击下，农户借助政策和生态补偿机制优化生计资产，为生计的可持续发展创造了条件。赵雪雁等采用参与性农户评估方法实证研究甘南高原农牧民家庭，分析当地农户的生计资本现状、生计活动特点，论述生计资本对生计活动的影响。何仁伟等提出农户可持续生计研究的发展趋势：将会向着跨学科性、综合性的方向发展，形成新技术、新方法的动态研究与贫困问题相结合的研究、城乡转型期农户可持续生计研究、重点区域的可持续生计研究等领域。

1.2.3 国内外研究综合评述

综上所述,从现有的文献可以发现,国内外学者对居民家庭生计脆弱性的研究虽有一定的进展,但总体还处于酝酿阶段,是多维度的,也是多因素的,涉及的学科和门类也很多,既包括居民家庭生计的社会微观经济影响,也包括对微观家庭消费欲望、消费选择和消费结构的影响。但不能不看到,真正专门研究东北国有林区居民家庭生计脆弱性的经典文献很少,且已有的各类研究文献也都不同程度地存在一定的不足和特有的局限性。

1. 传统研究大多是事后静态研讨而非过程动态分析

目前,国内外学者对于居民家庭生计脆弱性的论述大多集中在对生计脆弱性表象、结果的研究上,而非对生计脆弱性产生和发展的动态过程研究。虽然已有文献对生计脆弱性的形成因素做了一定的定性和定量的分析总结,但大多只是关注诸多因素中的一个或者几个,且没有形成交叉因素定量估计模型,分析得不够透彻、深入、全面,没有形成相对系统的生计脆弱性研究理论体系和成熟的研究方法,以及具有可操作性的指标体系,略等同于风险评估。而长期的理论和实践都已证明,事前的政策干预能有效定位即将陷入生计脆弱性的群体,减少长期处于脆弱状况或者即将陷入生计不良状态的人口数量,提高干预政策的及时性和有效性,降低生计脆弱性的扶救政策成本。

2. 测度的假设太强,严重限制了研究结果和理论发展

在仅有的生计脆弱性计量模型的设计和测度中,用于实证分析的统计数据缺乏居民家庭的实际消费数据,因此常用居民家庭收入替代家庭的福利水平,对事先假设的函数分布也缺乏具体的检验,这会使研究结果有一定的失真。生计脆弱性的测度假设条件太强,会使研究结果与现实情况产生较大差距,不具有可操作性和可参考性,且测度方法、方式也是五花八门。研究者独自使用自己设定和选择的测度标准和估计方法,使用自己的一套非典型数据,不能与同行之间进行有效的学术观点交流和技术探讨,研究成果也难以进行有效推广,属于纯粹的理论探讨,而非逻辑实证研究,应用价值和学术价值都不大,更没有太多现实中的可操作价值和参考价值,这在一定程度上影响了生计脆弱性相关研究的进程、社会福祉制度的变革及脆弱性理论发展。

3. 缺乏前瞻性本质量化研究,固化于对贫困脆弱结果研讨

生计脆弱性研究具有前瞻性,其研究价值在于判断一定区域内哪些家庭在未来一段时期内会因为商品价格、收入、教育等因素而产生生计脆弱性高低变化的趋

势、可能性及变化程度的大小,从而提前制定、实施和改进必要的预防扶救及社会保护措施,而不只是走向居民家庭生计绝对脆弱这一唯一结果。有些居民家庭虽然生计脆弱程度变化很大,但却与贫困线相距很远,换句话说,虽然居民家庭生计资本组合、生计结构和过程转变、生计战略的调整及因此而形成的生计结果变化很大,家庭成员生计脆弱程度也很高,却不会发生相对或者绝对贫困,只是生计脆弱性变化趋势呈显著性。但更多的涉及生计脆弱性的研究只是针对贫困脆弱性进行定义和分析,就算有的研究是对生计脆弱性的测度,也基本是对事后结果的测度,且大多局限于对贫困、落后地区居民家庭生计脆弱性的测度和分析,类似于保险中的事后理赔处理,是一种静态补救。这种研究不是对生计脆弱性产生的原因、调整战略及居民家庭因此产生的生计包容性和幸福感进行的本质性研究,更不是对生计脆弱性发生的动态过程进行的有效预防和干预。对某个地区或者居民家庭整体的生计脆弱性趋势判断和指标体系的构建就更少了,起不到此类研究应有的现实作用和学术价值,达不到生计脆弱性研究的目的和目标,即缺少前瞻性。

4. 脆弱性因素分析范围狭窄,但研究方法值得借鉴

生计脆弱性的影响因素是多方面、多角度、多层次的,既包括对收入等可用货币进行测度和计量的定量的经济因素,也包括文化意识、年龄、教育程度、家庭结构、社会交往等非货币可测度的非数量社会因素。因此,研究过程中模型设计的变量因素要充分考虑,取舍得当。另外,由于国外(以美国为代表的发达国家)一些研究机构与学者占据着生计脆弱性研究的制高点,处于生计脆弱性研究发展的前沿,他们研究的广度和深度领先于国内,因此,我们在进行生计脆弱性这一生计能力积累趋势的研究时,有必要借鉴和应用国外的研究成果和方法(国内的相关文献较少)。但目前国内外大部分文献集中于对典型的不发达或者贫困落后地区的人口进行生计脆弱性分析和研究,这容易将区域居民家庭生计脆弱性的研究引向极端,偏离了研究的本质方向和属性,这是我们研究中应该注意和摒弃的方面。

1.3 研究内容结构和方法

1.3.1 研究的主要内容及结构

东北国有林区的发展,应该是森林自然资本与国家社会资本间形成的特别契约。然而在国家经济转型的特殊时期,国有林区自然资源的相对丰裕与林业职工家庭的相对贫困构成了东北国有林区发展中的一个重要矛盾和特征,一段时期内

制约着东北国有林区资源保护工程的实施和可持续发展。国内外学者在脆弱性的内涵界定与计量方法上做了大量的研究,但研究对象和内容大多集中在中国农村贫困家庭上。长期以来,在东北国有林区问题的研究中,对林区职工家庭生计脆弱性问题的研究一直没有引起太多关注和重视,虽然近年来也有学者开始关注国有林区的职工家庭生计问题,但研究成果不多。家庭是一切社会行为的起点和终点,东北国有林区职工家庭是本书的基本研究单位,只有对家庭中的社会行为和人员结构及收入、教育程度、健康状况等基本生计情况进行深入细致的分析研究,才能更全面、客观地分析造成东北国有林区职工家庭生计脆弱性的各种影响因素,更准确地分析和测度东北国有林区职工家庭生计脆弱性产生的根本原因、作用机理和机制,为政府和各级相关部门有针对性地制定各种相关扶救和福利政策提供可借鉴的现实依据和理论支撑。

1. 梳理东北国有林区职工家庭生计脆弱性的现状及成因

无论是在国有林区还是当地城镇,职工家庭生计资产的组合方式和资产禀赋都会作用于居民家庭的消费结构和消费倾向,进而直接作用于居民家庭的每个成员,形成整体的趋势。对于城市居民而言,调整消费结构和数量以保持原有的收入可以抵得上原有水平的消费支出,但却加深了其生计脆弱性的程度。而对于林产业工作者而言,除了上述影响以外,还包括林农模式下的农产品等林下经济作物价格的上涨带来的收入的增加、降低其生计脆弱性程度和风险带来的收入的增加,这两方面最终都会影响其生计脆弱性的变化。

2. 测度国有林区职工家庭生计脆弱性并进行差异比较

东北国有林区职工家庭消费偏好、消费欲望和主观决定,在其收入水平既定的情况下,影响职工家庭消费行为和消费结构的改变。依此来考察对特定地区居民食物热量摄入量函数分布的影响,在此基础上测度东北国有林区职工家庭的生计脆弱性,对东北国有林区(黑龙江省、内蒙古自治区、吉林省的林区)职工家庭生计脆弱性的差异情况进行比较分析,归纳出专属东北国有林区职工家庭生计脆弱性的特征,为各级政府部门制定前瞻性的行业政策提供相对准确的、有针对性的建议和参考。

3. 考察东北国有林区职工家庭生计脆弱性的影响因素

依据2014年对东北国有林区职工家庭的跟踪调研数据,通过测度、模型分析、假设检验,重点研究东北国有林区职工家庭生计脆弱性的影响因素、影响程度、解决办法,制定相应的改变措施,并测算对东北国有林区各省不同区域职工家庭生计脆弱性的不同影响。

4. 探讨对生计脆弱性视角下东北国有林区职工家庭生计策略干预政策的优化

在“天保”工程实施以前,东北国有林区基本还处于计划经济体制内,作为中国最大的森林资源基地，东北国有林区担负着国家的森林采伐和木业加工计划，而不是按照市场的需求和变化来调整和干预。2000 年，国家“天保”工程实施以后，相关的产业政策和行业政策不仅要考虑到政策的制定对东北国有林区职工家庭生产和生计可能带来的不同程度的影响，也要考虑采取更有针对性的、不同的干预政策，尽可能保证政策对不同社会群体的公平性，尽量避免政策给市场带来的无效干预。

5. 重构东北国有林区职工家庭生计脆弱性评价指标体系

从东北国有林区职工家庭生计的实际情况出发，在相关理论基础的支撑下，重构系统的、科学的国有林区职工家庭生计脆弱性评价指标体系，动态地研究和分析东北国有林区职工家庭生计脆弱性的发展状态，预测东北国有林区职工家庭生计脆弱性的发展趋势，不仅具有梳理国有林区职工家庭生计脆弱性的概念、动态地研究东北国有林区职工家庭生计脆弱性的发展趋势和丰富“脆弱性 - 抗逆力 - 可持续生计 - 社会排斥”四维生计可持续发展理论体系的作用，还对指导国有林区职工家庭生计实践、促进不同的国有林区职工家庭脆弱程度的统筹、构建和谐林区具有重要的现实价值。

可持续生计是一种分析方法、理念和思想，是实现可持续发展的重要途径。脆弱性分析强调对系统脆弱性的缓解，生计输出是系统恢复解决问题的能力。脆弱性是指系统的适应力、恢复力、暴露度和敏感度。本研究首次应用东北国有林区的第一手真实数据，准确预测东北国有林区职工家庭生计脆弱状况，科学地分析其产生的原因和作用机理，试图重构东北国有林区职工家庭生计脆弱性的研究框架和评价指标体系。本书共分为三个部分（共 7 章），具体研究结构安排如下。

第一部分，依据研究背景，提出研究的问题、研究方法及研究的意义，导出研究视角，主要为第 1 章。这一部分内容介绍和强调本书的研究背景、研究目的和意义，阐述项目研究的重要性、必要性和可行性；界定研究范畴，即“东北国有林区职工家庭生计脆弱性”；概括讲述本研究的内容、方法、技术路线、创新之处，对国内外有关生计及脆弱性的理论研究和实践探索进行归纳整理，借鉴前人有益的研究成果，寻找自己的研究领域。

第二部分，理论分析、现状及存在的问题分析，构建研究的理论基础，剖析存在的问题及影响因素，从基本概况、存在的问题、面临的形势等方面对东北国有林区职工家庭的生计脆弱状况进行定性分析，对其目前的情况做一个基本判断。这部分包括本书的第 2 章、第 3 章和第 4 章。第 2 章探究区域居民家庭生计脆弱性的各个影响因素之间的结构体系、逻辑关系、作用规律和机理，探究经济、资源、环境等各个子系统及其构成要素的机理作用过程；第 3 章则对东北国有林区职工家庭的生计现状及存在的问题进行了描述性表达和分析；第 4 章分析探讨上述状况形成的原因及存在的问题，为后面的实证分析打下理论基础、形成分析路径。

第三部分，在前两部分的基础上对东北国有林区职工家庭的生计脆弱情况进行实证研究，提出相应地降低生计脆弱性的方案和解决对策，构建东北国有林区职工家庭生计脆弱性评价体系。这一部分包括第5章、第6章和第7章。第5章对东北国有林区职工家庭生计脆弱状况进行定量评价，依照第2章的基础理论建立理论模型，并进行探讨和分析；第6章以东北国有林区职工家庭的第一手数据为基础，对以上的理论模型进行实证检验，确定其拟合度，并对数据和模型产生的对真实情况的定量检验做出分析评价；第7章依照第5章和第6章的分析，构建并检验国有林区职工家庭生计脆弱性评价指标体系，评价和分析生计脆弱现状，找出存在的短板并分析其形成的原因。在第7章总结归纳的基础上，提出东北国有林区职工家庭降低生计脆弱性的政策和措施，为推进降低脆弱性工作提供决策参考。

1.3.2　研究的方法

本研究使了用CHNS(China Health and Nutrition Survey)数据库中的数据和2014年7月21日—8月11日作者随同东北林业大学“东北国有林区民生连续监测暑期课题组”入户调研得到的第一手东北国有林区职工家庭生计数据样本。课题组事前根据研究需要自行设计了入户调查问卷，对包括黑龙江省、内蒙古自治区、吉林省林管局等东北国有林区的清河、绥棱、乌马河、友好、克一河、伊图里河、乌尔旗汉等18个地市的跃进林场、五一林场等，以及13个地市的21个山上林场和山下局的共计770户林区职工家庭进行了实地入户问卷调查。以调查得到的数据为研究样本，对当地林业职工家庭的收入等进行了分层问卷调研和重点访谈，并获取了典型林业局的局志。每天的连续访谈和调研工作时间长达10小时，累计工作200多小时，并于每晚对当天工作资料进行详细整理和统计，形成电子档案。调研采用五种方法，即文献研究法、问卷调查法、计量模型法、实证分析法和规范分析法。在不同地域、不同生计资产禀赋和组合、不同地区和行业政策下，林区职工家庭生计脆弱状况和成因也不尽相同。本研究通过探讨东北国有林区职工家庭生计脆弱性的作用机理、测度方法、形成原因，力图构建一个相对完整、普适性强、可行性强的东北国有林区职工家庭生计脆弱性评价指标体系，同时也要考虑制定普惠市场的干预政策，以尽量使政策和措施对不同生计脆弱群体产生作用，尽可能避免政策对市场的无效干预。研究采用的主要方法如下。

(1)文献研究法

文献研究包括逻辑推理、文献整理、归纳和比较研究。本研究的主题在国际上没有典型先例，仅有的一些文献也只是对现象和结果产生的原因进行归纳总结性分析,然后提出理论上的对策和措施。本研究通过深入、透彻的分析,综合有关社会组织的研究与国内外文献资料,掌握了国内外在本领域的最新研究动态和研究成果,为东北国有林区职工家庭生计脆弱性的研究找到充分的现实依据。以英国国际发展部的可持续生计分析框架及"脆弱性 - 抗逆力 - 可持续生计 - 社会排斥"理论为基础,通过规范分析,构建东北国有林区职工家庭生计脆弱性理论模型和研究框架,为实证研究奠定理论基础。最后,采用相应的规范研究方法对实证研究结果做出理论解释和分析,归纳提炼出主要研究结论。目前学术界相关研究资料相对较少,国内针对东北国有林区职工家庭生计脆弱性研究的文献也相对匮乏,我们更多的是以国外相关研究文献为参考。

(2)问卷调查法

问卷调查法是根据东北国有林区职工家庭生产和生活的实际情况,通过现场考察、个人深入访谈、入户填写调查问卷等方式收集数据,获得国有林区职工家庭基本的生计禀赋和生计资产状况、消费行为意愿、满意度,并初步了解其生计脆弱情况。问卷调查时先进行问卷预答,并及时对问卷进行有效修改。最后,通过对调查问卷的调整、发放和回收,收集研究所需样本数据,在整理数据后,做出与研究相关的基础分析。

(3)计量模型法

计量模型法中,将利用问卷调查得到的实证数据整理、加工成有效的数据和CHNS数据库信息,设置相关的影响因素为研究变量,即建立东北国有林区职工家庭生计脆弱性模型,采用FGT(1984年)的脆弱性测度方法。计量模型法是经济学研究中对行业和区域经济状况进行研究时最常用的分析方法之一,研究东北国有林区职工家庭生计脆弱性影响正适合采用本方法。

(4)实证分析法与规范分析法

实证分析与规范分析法是针对东北国有林区职工家庭生计脆弱性的分析方法,主要研究东北国有林区职工家庭消费产生的影响、影响程度和影响因素。依据本研究的理论基础和目前国内外对生计脆弱性的研究判断,针对目前林业经济调整和转型中对东北国有林区职工家庭生计状况的影响,采用实证分析方法并讨论分析研究所得结果,制定和改进相关政策和林业扶救措施。社区组织和当地行业组织在降低区域内职工家庭生计脆弱性中的作用也不容忽视。同质性职工家庭生计状况比较多,因此,会形成一定的规律和现象。本研究在反复检验的基础上,有针对性地设计了16个项目、47个问题,在这次针对770户林区职工家庭的调查问卷中,得到有效问卷768份,回收率高达99.74%,使本研究的立论依据和理论假设更具合理性、针对性和可应用性,增加了研究方法和技术路线的科学性,加强了实证数据和研究结论的可靠性。

(5)静态分析和动态分析

静态分析和动态分析,主要是从东北国有林区发展过程中纵向和横向、不同地点和时期两大方面来研究对东北国有林区职工家庭生计脆弱性的影响,以便对东北国有林区职工家庭生计脆弱风险的影响进行深入的本质性分析及对依此建立的干预政策和措施给出建议、进行探讨。

本研究的技术路线如图1-1所示。

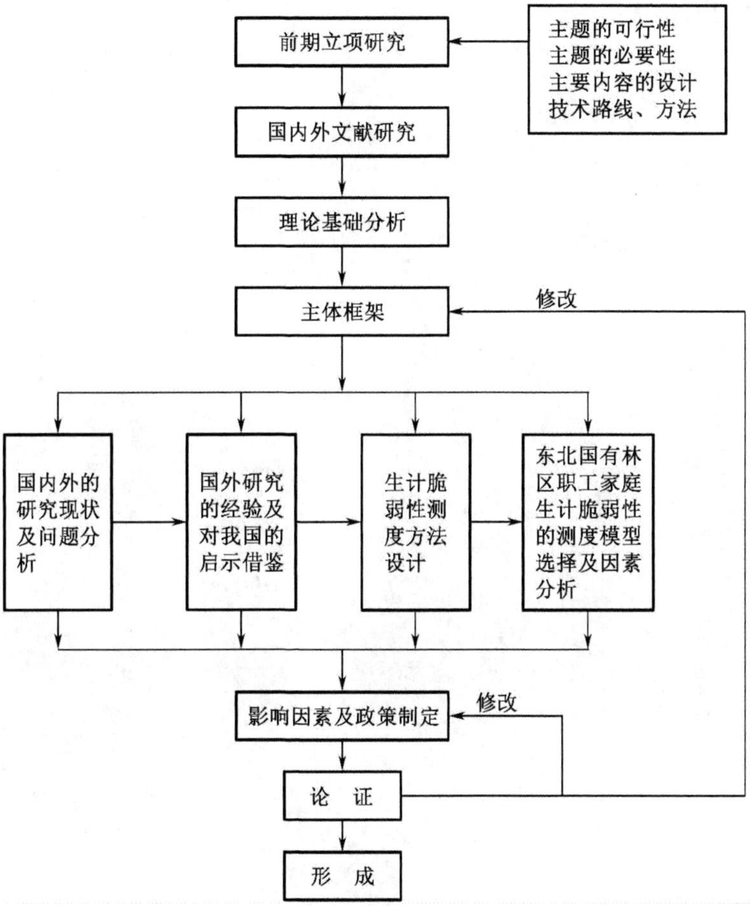

图1-1　技术路线图

1.4 本章小结

本章开篇明确研究的宗旨,主要阐述了研究的背景、目的和意义,以及本领域近年来的研究进展,还有全书的研究方法和路径安排,这是研究的切入点和关键点,对全书具有统领作用。

第2章　相关基础理论

2.1　概念界定

2.1.1　脆弱性

“脆弱性”一词最早出现在基欧汉和约瑟夫·奈编写的《权利与相互依赖》一书中。本意用于分析国际政治,指改变依存关系的体系所带来的代价,也可以指违背或改变规则所付出的代价。后来,作为一个跨学科、多学科相结合的研究领域,不同学科有其不同的定义:预期脆弱性是指个人或者家庭在未来陷入某底线以下的可能性(Chaudhuri 和 Jalan);t 时脆弱性指在 $t+1$ 时陷入某底线以下的概率;Pritehett 则将脆弱性定义为一个家庭在未来的若干年内至少一年陷入底线的概率。概括来说,从理论方面讲,脆弱性包括以下四层含义:

(1)系统存在其内在的不稳定性,脆弱性本身具有确定性,它是系统自含的;

(2)系统对外界干扰和变化敏感;

(3)外来干扰和外部环境变化使系统易遭受损失或损害,并且难以复原;

(4)是一个概念的集合体。

脆弱性是由风险敏感、缺乏抵抗力而造成的系统结构和系统功能改变的一种属性,是区域内全部或者局部社会体系和社会结构向下运动的趋势和内在能力。脆弱性是一切危害发生的本质因素,其产生的根本原因是内在的不稳定性。因此,如果一定要对各个系统自带的或者随着社会和经济发展而产生的内在脆弱性进行有效制止和优化,那么其结果就会出现不可逆的危机和破坏。这是人类与各类冲击较量胜败的可能性。败的可能性大,说明系统的脆弱程度高。世界银行认为:“脆弱性是指个人或家庭在给定时期内至少面临一次风险的可能。”可见,脆弱性包含两个方面,即所受冲击程度和抵御冲击的能力。脆弱性是这两种力量较量的结果。

经济学视角的脆弱性包括收入脆弱性和与健康、暴力、社会排斥相关的风险。脆弱性是在将来出现某种趋势的可能性,是一种事前的前瞻状况,不能预先直接观察到,但可以预测到将来可能发生的趋势和方向。因此,居民家庭营养脆弱性是动态的。Pritchett 等确定的脆弱性变动的动态定义为:家庭在面对风险时,如果在未来几年至少某次是向下的发展趋势,并到达一种程度,那么这个家庭就是脆弱的。

脆弱性既是事物本身抵御外界风险冲击的产物,也是脆弱的个体抵御风险的能力、行动及能动思想的综合产物。脆弱的程度依赖于风险特点和家庭抵御风险冲击后恢复的能力。概括地说,脆弱性是指在未来给定的一个时期内个体在某一方面的实际福利所得低于标准福利水平线的可能性。因此,时间维度、福利测量和数量化是衡量脆弱性程度的基础和前提。

2.1.2 生计

“生计”一词广泛应用于当今有关贫困和农村发展的各种论述中,但是其内涵和外延却因场景不同而各不相同。词典里的解释是:维持生活的办法。这个内涵和外延都远远超过了收入的概念,因为生计的关注点已经转向生活手段,而不仅是收入所得或者是用所达到的消费衡量的净产出。研究农村贫困问题的学者认为生计概念含义丰富,比收入和职业具有更加丰富的内涵和外延,能更完整地描述低收入者生存状态的复杂性,利于理解低收入者为了生存安全而采取的策略和手段。从科学的角度看,研究的起点应该概念化,要在研究过程中逐步厘清生计的概念。由于对生计的研究兴趣和目标不同,各学者对生计概念的理解也各有不同,因此定义也不完全相同。研究农村生计多样化的生计定义是:包括五项资产(自然、物质、人力、金融和社会资产)、行动和取得五项资产的途径(受制度和社会结构的调节),这决定其生存资源的获取。强调生计可持续的生计定义是:生计由生活所需的能力、资产(包括物资资源和社会资源)以及行动构成。而被普遍接受的生计概念是:生计包括能力(capacities)、资产(assets)以及这种生活方式所需的活动(activities)。其重要特点是直接关注人们在追求提高生存所需的收入水平过程中所拥有的资产和选择之间的联系。

狭义的民生就是生计,相对来说比较准确,也容易把握,容易同具体层面上的民生政策吻合。从社会层面着眼,所谓生计,指的是居民家庭的基本生存和生活状态,以及居民的基本发展机会、发展能力及权益保护状况。平时使用的生计概念是狭义的民生概念。本研究涉及的职工家庭生计是指在面对多年的计划经济体制、中国林业经济转型的背景下,东北国有林区职工家庭整合现有的家庭五项生计资本而获得生存资源的途径和能力。研究东北国有林区生计脆弱性问题,是从社会、社区和职工家庭三个层面着眼的。生计的内涵随着社会发展进步而不断丰富,内容、层次得到不断发展、扩充和提高。

2.1.3 东北国有林区

东北国有林区是本书的研究范畴和研究对象的依托载体。国有林区,是在世界林业史上只有中国才具有的、是中国特定历史时期(国民经济发展时期)和特定经济类型(计划经济时期)发展的产物,字面意思是指归属于国家主权所有的相对规整的森林覆盖领土区域,但本意是指这片森林区域内的社会生产和生活聚集区和相应的林业经营区域。依据1947年的《中国土地法大纲》和1950年的《中华人民共和国土地改革法》相关规定,把黑龙江、吉林、内蒙古、陕西、甘肃、新疆、云南、四川、西藏9省、自治区的地表森林和相应的林地列为国家所有的林业经营区,简称国有林区。黑龙江省、吉林省、内蒙古自治区被规划为同一个国有林区——东北国有林区,下设林管局、营林局等管理和生产单位,负责本辖区国有林区的开发建设、规划设计、生产经营和生态保护等具体工作。林业企业是以森林资源为依托,从事森林资源的培育、保护、开发、采伐、利用等多种生产经营活动的企业,是以满足社会对林产品的需求为目标,以森林资源的生产和再生产为基础,依法自负盈亏、自主经营,具有独立法人资格的经济单位。林业企业是国民经济的重要组成部门,经营门类较多,具有多种产业特征和公益特征。首先,林业企业是森林资源培育的主体,肩负着森林的可持续发展的职责,具有农业产业性质;其次,林业企业要进行森林采伐、林产品生产和加工、运输以获取经济利益,具有工业产业性质;最后,林业企业的经营对调节生态环境、形成旅游资源有巨大贡献,具有服务业的性质。根据林产业的分类标准,林业企业涉及林木的培育和种植、木材加工及木、竹、藤、棕、非木材林产品的培养与采集、苇制品制造等产业。因企业各种经济要素的不同,形成了不同的林业企业。森林不仅是一种经济资源,也是一种社会资源和生态资源。林业企业的生产经营是以森林资源为依托的,因此,肩负着发展经济、保持生态和维护林区社会三重功能。积极造林、培育森林资源、扩大森林面积是保持森林可持续经营和永久利用的前提,不仅可以连续不断地为社会提供各种林产品,产生不同的经济效益,还能持续发挥森林的生态保护作用,产生生态效益。林业企业自身体系庞大,组织齐全,不仅包括医院、学校,还拥有公、检、法等系统,就像一个小社会一样,企业的经营直接影响到整个林区的社会稳定和繁荣。可见,林业企业可以同时产生经济、生态和社会三大效益。因此,林业企业的经营决策必须兼顾这三大效益,而且对其经营业绩的评价也要从这三方面入手。

2.1.4 国有林区生计脆弱性

受到研究目的和研究对象等因素的制约,学者对生计脆弱性的研究方法各有不同。有的从生计风险角度对生计脆弱性进行分析,认为个人或家庭由于缺乏某种资产而导致生计风险,即脆弱性的增加,从而使生计脆弱程度增加。德尔肯建立的农户家庭生计脆弱性分析体系,把生计资本、收入、消费及外部制度等都纳入生计脆弱性分析体系中。有的学者认为,生计脆弱性是可持续生计发展的背景和前提。受外部冲击、压力等影响导致的个体和家庭的脆弱性,使其可持续生计难以实现。因此,可持续生计研究是帮助人们降低生计脆弱风险的工具。

在本研究中,国有林区的生计脆弱性是指归属于中国国家主权所有、相对规整的森林覆盖领土区域(即黑龙江省、吉林省和内蒙古自治区林区下设的林管局、营林局等负责本辖区国有林区的开发建设、规划设计、生产经营和生态保护等具体工作的管理和生产单位)在中国林业经济转型这一特定的历史时期和特定经济类型存在的社会背景下,可能产生的自然、社会等生计风险,以及对抗风险冲击的生计能力在未来一定时期的趋势和程度。

2.2 可持续生计分析框架理论

从20世纪末开始,一些国际组织、研究机构、发展研究中心和国际知名大学合作,逐步形成了生计可持续性研究的框架分析体系。目前,主要有三种可持续生计分析框架。

1. 联合国开发计划署可持续生计分析框架

1992年,联合国开发计划署推行了“人类可持续发展”计划,其中可持续生计是重要的一部分。“人类可持续发展”计划包括消除贫困、解决就业问题、可持续生计、重建生活环境等内容。研究开发可持续生计分析框架的目的在于通过改善资源的合理配置,帮助居民家庭提高创造财富的能力。生计的概念包括可持续生计的四个方面的内容:恢复能力、经济效益、生态均衡和代际公平。联合国开发计划署的可持续生计分析框架中,设定出一些指标监测农户的生计安全。生计框架包括四部分内容:生计、生计的能力、有形资产和无形资产。框架包含了可持续生计行为的投入、可持续生计政策实施下的产出、可持续生计实施过程中取得的成果、居民家庭生活状况的改善,以及整个可持续生计完成产出的生计结果。

联合国开发计划署提出的可持续生计分析框架如图2-1所示。

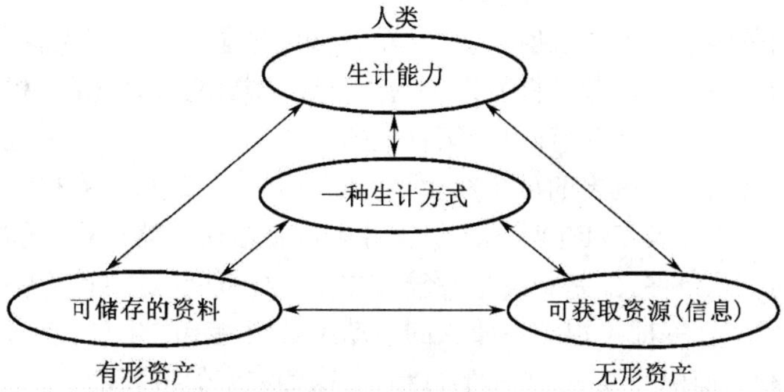

图 2-1　联合国开发计划署提出的可持续生计分析框架

在联合国开发计划署的可持续生计分析框架中,生计资产被分为六个部分:自然生态资产、社会资产、人力资产、物质资产、经济资产和政治资产,如图 2-2 所示。其中,自然生态资产包括土地、水、植物、动物等;社会资产包括社区、家庭、社会网络等;人力资产包括教育、劳动力、健康、营养水平等;物质资产包括道路、医疗、学校、桥梁等;经济资产包括工作收入、储蓄、信用等;政治资产包括社会参与、政策激励等。联合国开发计划署提出的可持续生计分析框架注重贫困人口和弱势群体(抵抗风险性差的群体)的生计可持续发展的能力,该框架是可持续生计研究方法中的重要组成部分,极大地丰富了可持续生计的理论和方法研究。

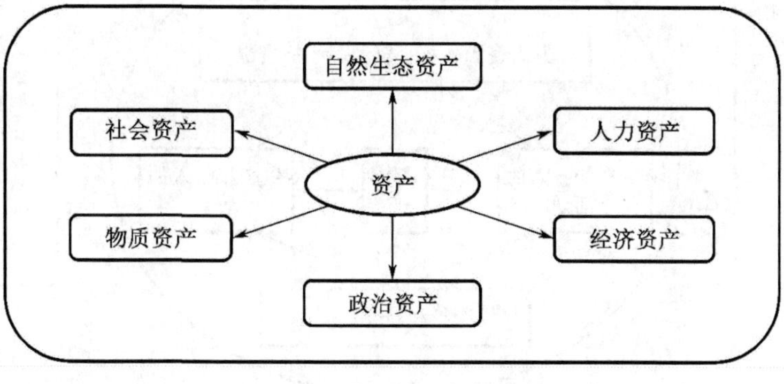

图 2-2　联合国开发计划署可持续生计分析框架中的资产内容

2. 国际救助贫困组织可持续生计分析框架

国际救助贫困组织是非政府性质的国际组织，它是世界上三大救助机构之一。该组织提出的可持续生计分析框架以家庭为研究对象，通过动态的、相互作用的模块优化生计组合，以求达到生计可持续发展的效果。

国际救助贫困组织提出的可持续生计分析框架（图 2－3）从左向右共有三个模块：生计内容、生计策略和生计结果。生计内容是指在自然灾难、脆弱环境下，居民家庭所处的客观条件，如基础设施、经济、文化、政治环境。生计策略是一个循环的过程，即居民家庭完成可以获得收入的活动后得到一定的生计资产，再将资产转化为物质、精神方面的需要，在转化的过程中，这些需求促进新的生产活动的开展。生计结果涉及各个层面的安全性：食品安全、营养安全、健康安全、住所安全、教育安全等。国际救助贫困组织利用可持续生计框架模型，强调了增强弱势群体可持续生计的能力的重要性。该组织还提出可持续生计框架中资产的内容呈三边形结构，如图 2－4 所示。参与评价的方法可以更好地研究生计问题潜在的原因、评估生计所处的状态，这些信息可以被分解在性别和代际之间。国际救助贫困组织对可持续生计的研究注重个人激励和社会激励两个层面。个人激励就是居民家庭通过提高自信和技能，克服灾害、动荡对生计的冲击；社会激励是发展激励成员，增强社区的帮扶功能，采用民主化的结构和管理模式，促进可持续生计的健康发展。

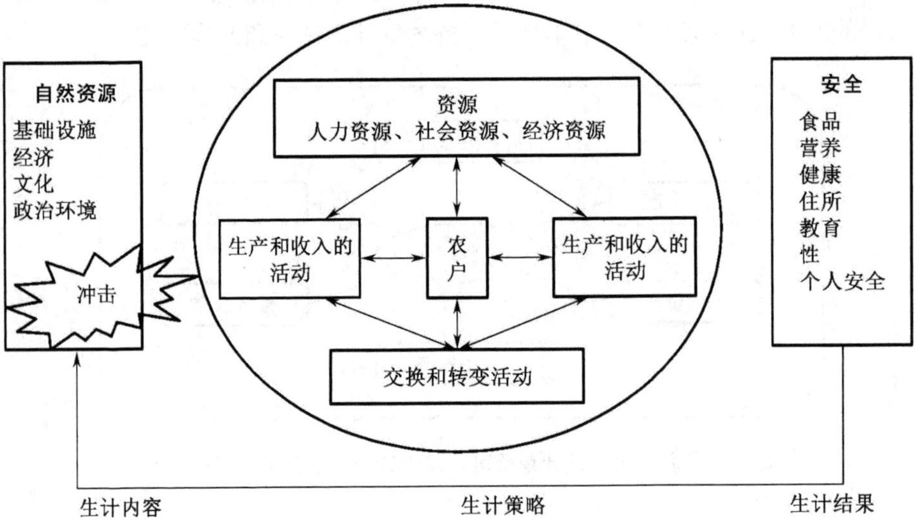

图 2－3　国际救助贫困组织提出的可持续生计分析框架

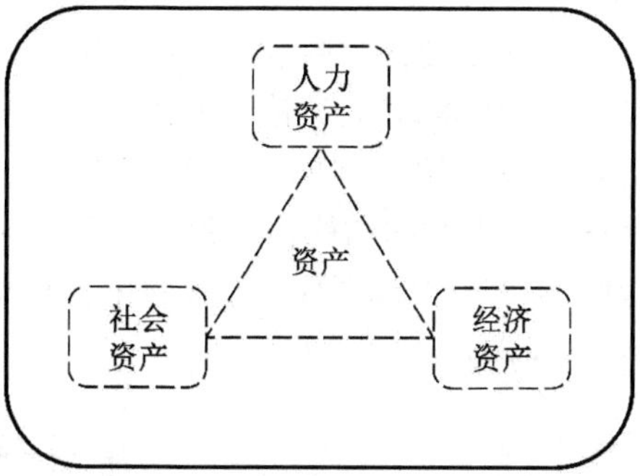

图2-4 国际救助贫困组织可持续生计分析框架中的资产三边形

3. 英国国际发展部的可持续生计分析框架

在生计脆弱性的研究方法中,国内外学者对英国国际发展部提出的可持续生计分析框架的认可程度普遍比较高,该体系框架也成为近年来研究可持续生计问题的主要理论基础。2000年,英国国际发展部建立了可持续生计分析框架,强调政策和行动可以推动生计的可持续(Carnet等)。这个可持续生计分析框架主要由四部分构成:脆弱内容、生计资产、结构和过程转变以及最终目标。生计框架的核心内容是生计资产,它概括出了生计持续发展过程中,各个部分之间的相互关系。本分析框架强调在脆弱性的环境下,即一定冲击、趋势或季节性风险的背景下,以人的发展为中心,将居民家庭作为最基本的研究对象,拥有不同资产禀赋的家庭,通过不同的配置方式获得不同的生计策略。居民家庭在脆弱性的背景下,利用所获得的各项生计资源,在一定结构和过程转变的条件下,实现其自身的生计目标。生计资产包括五项,分别是:人力、社会、自然、物质和金融资产。自然资产是人类社会赖以生存的最基本条件之一,也是农户生产、生活的基础资源。一般来说,自然资源包括:土地、周边环境、温度、气候等。就生计状况而言,土地是东北国有林区居民家庭赖以生存的重要条件。物质资产是指维持生计所需要的基础设施和固定资产等相关物质资源。物质资源的拥有量直接决定了生产力的水平,每个居民家庭所拥有的物质资源是其维持可持续生计能力的坚实基础。通常意义上的物质资源涉及领域非常广泛,可以包括住房面积、生产工具、生活耐用品等诸多内容。金融资产是指居民家庭可以支配的资金储备以及可以获得的其他形式的经济支持。国外一些学者,J. Hesselberg、Joseph A. Yaro等通过贷款、现金赠予等指标来衡量金融资源。社会资产是指农户为了实现生计资源所需要的社会组织和网络、道德规范,以及公认的规范等诸多方面内容。人力资产是生计资产中的重要内容之一,它可以从劳动力质量方面来衡量生计状况。

生计资本分析是DFID可持续生计分析框架的基础。生计资本作为人们自身发展的内生性因素，是生计可持续研究的核心。能否获得五项生计资本及其生计策略都“嵌入于”脆弱性背景、社会结构、政策及制度等宏观背景之中，作为“活动”（生计策略）结果的生计输出反作用于五项生计资本。DFID可持续生计分析框架的优势体现在将注意力集中到人类的结构化过程上。贫困人口的生计资本积累水平低，贫困脆弱性高，“结构和过程转变”对于改善贫困人口生计状况十分重要。

生计资本框架如图2－5所示。

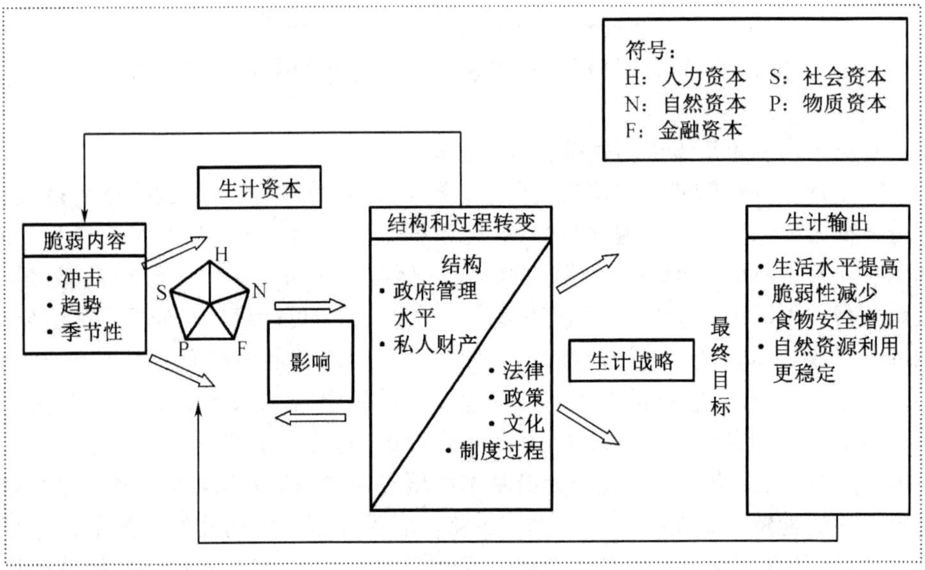

图2－5 生计资本框架示意图

结构和制度的改变，在SLA分析框架中，是指生计的组织机构和相应的政策制度的完善。在个人、家庭、集体和公共领域等各个层面，有效决定了五项资本各自所有与转换、给定资本战略的实施和反馈等问题。结构是硬件，包括公共和私人机构，这些机构一般是政府组织，基本职责是设置并实施政策、制定法律和提供服务。影响生计的其他功能取决于地方分权程度，制度是软件，决定结构和操作方式，作为一种行为模式，受到社会准则和规则的制约，效用极好。同时，制度也是社会集合体，把利益者的资本与权力行使方法联系起来，定义了人们积极或消极的生计适应路径。

生计战略，以人为中心，强调如何把资本转化成积极的生计结果。要获得积极的生计结果，必须拥有不同的生计资产；单靠一种生计资产不可能产生生计多样化的结果。对于低收入家庭来说更是如此,因为他们的资产获得性始终有限,因此,他们开发和综合利用现有的各项生计资产来维持生活。其目标就是促进居民家庭有选择、利用各项生计资产的机会,以便进行生计策略的研究和确定。生计策略是对资产利用的配置和经营活动的选择,以便实现其生计目标,包括生产活动、投资策略等。制定家庭生计策略时,还要考虑脆弱性环境、背景的影响和社会结构、制度及组织外部环境的影响。家庭生计策略是动态的,它随外界环境、条件的变化而调整和改变其对资产的配置和经营种类。不同的资产状况使家庭的生计活动呈不同样式、不同生计战略。在落后的国有林区(山上林场等),居民家庭依赖自然资源来维持生计,但是,自然产品往往不足以维持全部生计活动,这时则采用其他方式来补充和维持家庭生计,如受雇于人、进城务工等,以取得更多收入、增加家庭福利、降低家庭生计脆弱性,促进自然资源可持续使用,这在家庭和区域内都有不同程度的体现。

生计输出是生计策略或目标的实现或结果。英国可持续性生计分析框架列举了五种可能的生计成果类型:增加了的收入、提高了的福利、降低了的脆弱性、促进了的食物安全和更可持续地利用的自然资源。作为可持续性生计分析框架的组成部分,我们能够调查、观察国有林区居民家庭的生计结果或目标。利用生计框架的概念,我们可以把高脆弱性看成是东北国有林区低收入居民家庭的生计结果(状况)。脆弱或不平衡的生计资产组合,使低收入居民家庭无法维持生计,得不到政策、机构和程序规则的支持,不能充分有效地使用他们本来可能使用的资产,构成了一个不可持续的生计策略,最后导致居民家庭生计脆弱状况加剧。可见,分析生计脆弱性,旨在提高面对冲击和压力的生计能力;对五项生计资本的研究,旨在分析如何满足和服务于不同的社会群体;分析结构和过程,旨在更有效地决定生计资本之间的相互转换、拥有和给定资本战略的实施和反馈,同时定义了积极或消极的生计适应性的路径。可见,应用 SLA 分析框架来分析,可以辨明和确立开发战略起点,有效调节和增进生计维持能力。

生计分析框架是很好的生计途径分析方法,有以下独特之处:为居民家庭生计脆弱性的研究提供重要问题的核对清单,并概括了它们之间的联系;它提醒人们关注关键的影响和过程;强调不同因素之间的多重性和互动作用,充分表明在制度和政策、社会结构等因素造就的脆弱性环境中,面对资本与政策、制度的相互影响,生计核心的五项资本的性质和状况决定了生计策略的采用类型。脆弱性是承受灾害和损失的潜能,涉及承受、应付、抵抗灾难和恢复的能力。家庭或个人资产状况决定其选择的生计战略和风险环境。在分析框架中,生计资本共有五部分:自然、金融、物质、人力和社会资本。依据不同的条件,五种生计资本相互转化。结构和制度,是指形成生计的组织机构及政策制度。生计策略指资产利用的配置和经营活动的选择,目的是实现其生计目标。生计输出则是最终的生计策略和目标的实现或结果。应用 SLA 分析框架评价当前的发展活动对居民家庭生计活动的适应性,可应用于准确监测和评估规划、确认和设计新的具体项目、评估现有的发展活动、构建项目的逻辑框架等。

因此,英国国际发展部提出的可持续生计分析框架,是指在气候、政策、环境差异造成风险的背景下,影响生计资产的配置方式,从而决定生计的策略和生计的结果,而生计的策略和结果又反过来影响生计资产的重新配置和组合。

三种可持续生计分析框架的共同点:都是动态分析生计发展的框架模型;都以居民家庭个体为研究对象;框架中都体现了脆弱性的因素;都考虑了生计资产的内容。而三种框架的生计资产分类不同,内容却有交叉。这三种生计分析框架有不同的侧重点(表 2-1)。联合国开发计划署将资产划分为有形资产和无形资产,国际救助贫困组织强调自我激励和社会激励两种类型,英国国际发展部则强调重视政府作用。

表 2-1　三种可持续生计分析框架比较

发布机构名称	英文缩写	年份	生计资产内容	侧重点
联合国开发计划署	UNDP	1995	资产六边形(自然生态资产、物质资产、社会资产、人力资产、政治资产、经济资产)	将资产划分为有形资产和无形资产
国际救助贫困组织	CARE	1994	资产三边形(人力资产、社会资产、经济资产)	强调了自我激励和社会激励两种类型
英国国际发展部	DFID	2000	资产五边形(人力资产、社会资产、物质资产、自然资产、金融资产)	应重视政府作用

2.3　脆弱性理论

脆弱性指个人或家庭面临一些风险的可能,遭受财富损失、生活质量下降到社会公认水平之下的可能。英国国际发展部认为,脆弱性是个人或家庭遭遇各种风险、受到损害的程度,也是个人或家庭减轻或降低威胁、灾害和各种风险的能力。世界粮食计划署认为脆弱性受风险可能、抵御风险能力、社会服务体系三个方面影响。脆弱性具有前瞻性、不确定性和应对能力的依赖性等特点。另外,脆弱性与贫困不是一回事,不是短缺或匮乏,而是面临危险、冲击和压力时的抵御力不足、不安全、易受损失的程度,通过对脆弱性进行分析,可以辨明危害、加强抵御能力,使其免受损失。分析的目的是为了降低脆弱性。对生计资本的研究主要集中在低收入家庭,相关的生计资本有自然、物质、金融、人力和社会资本。国有林区居民家庭作为低收入家庭的一部分,其生计资本同样包括上述这些资本。

2.4　脆弱性 - 抗逆力理论

脆弱性、抗逆力共同作用于国有林区居民家庭生计方式的研究情况如表 2 - 2 所示。

表 2 - 2　脆弱性、抗逆力共同作用于国有林区居民家庭生计方式

提出者	分析框架	具体要素	
Robert Chambers	内部 - 外部分析框架	内部因素:防卫和应对途径	外部因素:风险、冲击、压力
Moster	敏感 - 恢复力框架	敏感性:系统应对外部变化的密度	恢复力:系统对外部变化的反应速度
Wats 和 Bohle	风险 - 能力 - 潜力框架	风险:显露在危机、冲击和压力之下	能力:应对危机、冲击和压力风险的能力 潜力:危机、冲击和压力导致危害的风险
Sinha 和 Lipton	危机 - 脆弱性 - 恶性框架	危机:风险和冲击发生的规模、频率、强度和力度等	脆弱性:暴露在风险和冲击下的不确定性、敏感性 恶化:各种脆弱性的增强

脆弱性和抗逆力共同作用于国有林区职工家庭的生计,其影响如图 2 - 6 所示。

图 2 - 6 意指脆弱性和抗逆力共同作用于居民家庭生计的方式,形成"贫"或"减贫"(相对富裕)的生计结果。一是生计方式内含生计策略、生计资本等。二是脆弱性和抗逆力共同影响居民家庭生计,形成生计方式,制约生计输出。脆弱性是

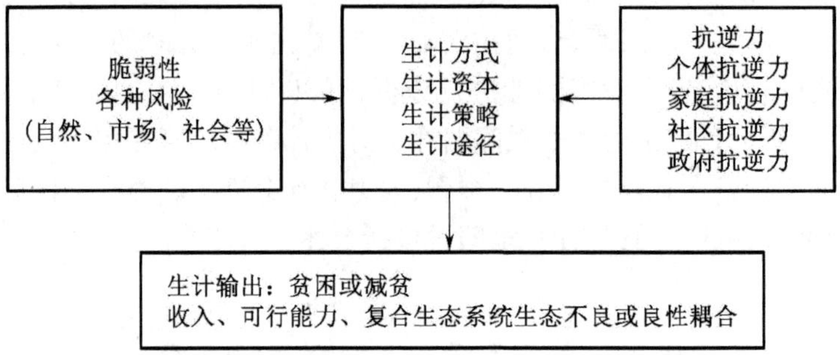

图2－6　脆弱性和抗逆力共同作用于国有林区职工家庭生计

东北国有林区居民家庭生计的基本属性。抗逆力来自个体、家庭、社区和政府，形成个人抗逆力、家庭抗逆力、社区抗逆力和政府抗逆力，政府抗逆力更多地体现在供给公共产品方面。三是在脆弱性和抗逆力的相互作用下，生计输出有两种可能，即脆弱性程度相对高或者低，它们集中体现在居民家庭收入、可行能力等方面。四是生计方式，是指居民家庭在脆弱性和抗逆力影响下的一种适应性选择，这种选择是居民家庭对区域环境、政治、经济、社会发展的适应与调整。

抗逆力分为个体抗逆力、家庭抗逆力、社区抗逆力和政府抗逆力。如果说社区抗逆力是通过调动社区内部资源来进行的，那么政府抗逆力主要体现为政府通过制度安排和资源输入等供给大量的公共产品，改善居民家庭生计。政府抗逆力建构可分为直接、间接两种。政府直接抗逆力指公共产品供给的方向直接指向居民家庭和社区。政府通过直接增量居民家庭生计资本（如发放各种补贴和完善福利制度等），提高居民家庭整体抗逆能力；通过增强社区地域力（如村庄基础设施建设等），改善家庭生计状况。政府间接抗逆力是指公共产品的供给瞄准指向脆弱性环境，通过降低脆弱性对居民家庭生计的冲击程度，间接地增强居民家庭的抗逆能力。以居民家庭生计为中心的多元主体抗逆分析（即政府抗逆力、家庭抗逆力、社区抗逆力和脆弱性环境之间的关系）如图2－7所示。

在以居民家庭生计为中心的多元主体抗逆分析图（图2－7）中，①是脆弱性环境对居民家庭生计的影响，这是居民家庭的生计背景，其生计选择基于脆弱性环境及其冲击。②表示在脆弱性环境下居民家庭的抗逆，居民家庭的抗逆力最初源于自身，并在社区与政府的参与和作用下得以增强。③表示脆弱性环境既是社区抗逆的诱发因素，也是影响社区抗逆程度的因素。④和⑤是社区抗逆过程，首先社区运用资源支持居民家庭，增强其抗逆力。其中，④代表社区组织等协助居民家庭改善生计，⑤代表居民家庭之间的互帮与联结。⑥和⑦代表着政府层面的直接抗逆，即政府通过增量居民家庭的生计资本与生计能力以及强化社区抗逆力，来增强居民家庭的抗逆力。⑧是政府间接抗逆，即改善环境、降低脆弱性，间接增强居民家庭抗逆力，例如，实行退耕还林、退耕还草等。

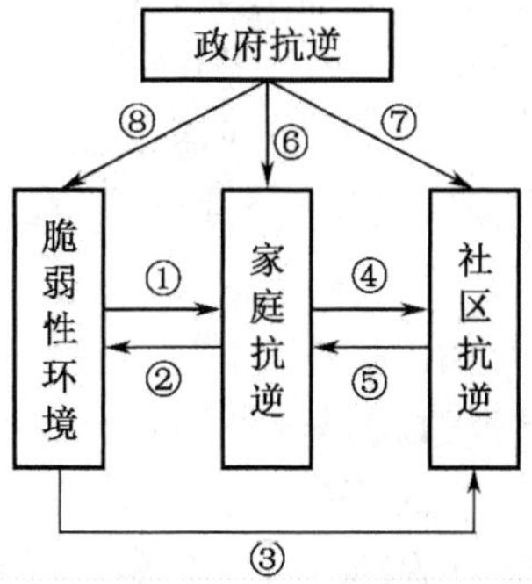

图2-7　以居民家庭生计为中心的多元主体抗逆分析图

"脆弱性-抗逆力"结构下的生计分析图示如图2-8所示。

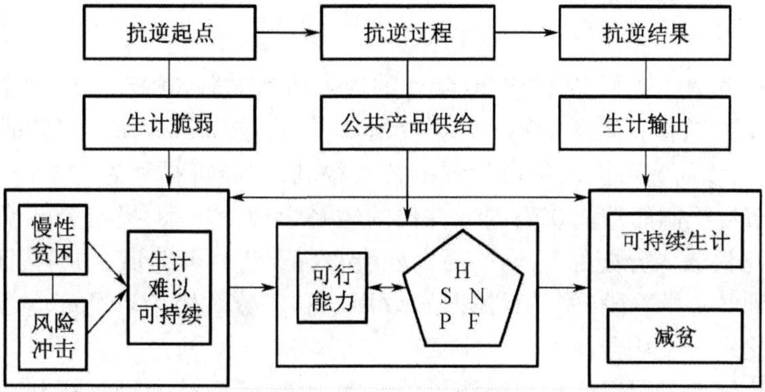

图2-8　"脆弱性-抗逆力"结构下的生计分析图示

图2-8的基本认知包括：

(1)脆弱是抗逆的缘起

抗逆缘由、起点或基础是居民家庭的生计脆弱，居民家庭生计脆弱表现为生计难以可持续，其主要原因在于：从历时性的角度来看，是经济转型时期的慢性贫困，而慢性贫困也可以看作是长期性脆弱；从现时性的角度来看，是东北国有林区本身存在多方面的脆弱性，即风险和冲击常常出现且伤害深重。

(2)抗逆过程

从长远来看,抗逆过程还处于外助阶段,政府大量供给均衡性公共产品,激发东北国有林区的抗逆力,培养其自我发展的生计能力。抗逆过程中,公共产品供给同时作用于三个方面:消减脆弱性,例如,通过基础设施建设等缓解东北国有林区日常生产遭受的自然灾害冲击等;公共产品供给直接作用于国有林区居民家庭生计,提高区域内居民家庭的可行能力,增强居民家庭与自然、市场、社会的交换能力,增量居民家庭的生计资本禀赋;部分公共产品供给(例如,各种补贴的发放)直接呈现降低脆弱性效应。

(3)抗逆结果表现为生计输出呈现出生计可持续的特点以及降低脆弱性效应

就整个发展过程而言,抗逆过程是由外助到自我发展的不断演变。目前,在抗逆过程中,“脆弱性-抗逆力”结构下的生计方式分析包含两个基本命题:生计资源、可行能力、生计结果之间的正相关关系;公共产品供给、资源禀赋、可行能力与减贫效应之间的负相关关系。

2.5 福利经济学理论

福利经济学产生于19世纪20年代的边沁功利主义和穆勒的效用主义。英国经济学家庇古(《福利经济学》)于20世纪20年代建立了一种以实证研究和规范研究相结合,以研究可以用货币计量的社会福利,即经济福利为对象,并对市场经济运行和市场机制的功能缺陷进行评价的经济学理论体系,提出资源最优配置的“效率”和国民收入分配的“公平”两大社会目标。近百年来其经历了旧福利经济学和新福利经济学阶段,先后运用基数效用论和序数效用论对经济运行和发展的福利最大化进行了社会评价。

福利经济学应用现代福利经济学的基本原理,研究社会经济福利中存在的一些突出问题以及相关的政策措施,实现福利最大化。福利经济学的两个基本定理是:在完全竞争市场经济体系中,如果存在竞争性均衡,即是帕累托最优;如果是不完全竞争市场且满足有关个人边际效用产生条件,则通过资源的合理再分配和竞争性均衡的结果来实现每种帕累托最优。这为加强理论界、决策层对社会福利的认识,为市场经济发展和福利制度安排及变革提供了理论支撑。

英国经济学家穆勒及后来的德国经济学家认为,国家是人们的道义结合,国家要采取措施实现文化、公共卫生、工人安全等社会目标,以达到“文化福利”的目的,即福利国家论学说。西方国家社会福利分为补救模式和机制模式,还有职业福利模式。福利国家的主要任务就是加强国家对社会经济活动的管理及监督,扩大社会福利,并以高额累进所得税限制私人资本,以实现公平分配,消灭贫困,实现社会经济生活民主化。福利国家的这一指标是通过基尼系数来衡量的,即将个人和家庭中被国家提取的各种税收与所得的转移支付进行对比得出。

社会福利是国家为实现福利状态所做的各种制度安排,有公共、财税和职业福利三个方面。社会救助、贫困救济是福利制度的基础和核心,社会保险、弱势群体的狭义福利服务是更高层次的内容。国民经济建设和社会发展现代化的根本目的就是为了实现社会福利最大化,最大限度地提高人民生活质量,这是中国社会福利制度的核心目标。社会福利制度化是一个社会文明进步、发展的重要标志之一。中国社会现行的保障制度主要有三条:社会基本养老保险制度、下岗职工基本生活保障和失业保险制度、城市居民最低生活保障制度。但这三条主线都没有涉及体制外的国民,尤其是人口众多的农民,还没有达到社会成员整体利益和社会政策的平衡。我国现阶段的城乡居民之间、不同地区之间、不同行业之间的收入差距都很大。科技进步和行业垄断是不平衡的经济增长模式,以及转轨中的无序经济出现的根本原因。

公平和效率是实现和持续提高公民社会经济福利的前提,即法律公平、机会公平和收入公平。效率和公平兼顾的"倒U形"理论是经济发展、社会福利最大化的根本(《应用福利经济学》,孙月平等;《1990年世界发展报告》)。但生计脆弱状况不只有贫困,有时在不是贫困状态时也会出现生计脆弱性的变化,这也是本研究区别于一般生计脆弱性研究的本质特征之一。

对于生计脆弱性这种特殊贫困形成的原因,目前比较著名的理论有相对剥夺理论、不平等理论、发展不足理论、能力缺乏理论。贫困是由于自身能力不足或者缺乏,使人的能力没有和物资资本同进而形成的"资源生产力"成为"经济增长的限制因素"。另外,增加社会教育投资,改善"精神贫困",也可以降低犯罪和福利依赖率,也是社会效益的外部收益。

失业是社会福利制度的一项重要内容,也是形成生计脆弱型贫困的原因之一。西方的狭义失业是指有能力工作目前还没有岗位且又一直在寻找工作岗位的状态。在中国,基于社会性质(社会主义公有制)的原因,失业的概念相对模糊,因此形成了具有中国特色的特殊失业状态名词——城镇失业人员与下岗职工,即在规定的劳动年龄内,具有劳动能力,却在调查时没有工作且正在寻找工作的社会人员。人口增长、产业结构调整、经济转型和资本深化是我国目前失业人员增加的原因。失业就会使居民家庭的物质和文化生活质量不同程度地缺失保障,消费呈下降趋势,生计脆弱程度加强,降低劳动力及人力资本的质量和竞争力,增加失业的概率,收入减少。"失业—收入降低、收入能力降低—失业",形成一个循环不止的怪圈,进而影响国民收入和国民经济的发展。

(1)以GDP为代表的收入类指标

庇古的“经济福利”,是指福利中能够用货币测度的部分。

①国民收入越多,社会经济福利越大。

②国民收入分配越均等,社会经济福利越大。经济因素作用于经济福利与整体福利之间,因此,庇古得出的结论是,提高国民收入就是增加福利。

此后,国民收入就成为福利的代名词。后来,很多学者发现这类指标的不足并改进。例如,ESEW、GPI、SNBI都是在国民账户基础上,加上或减去收入项目后得到的收入类指标。

(2)综合福利指数或函数

亨利·柏格森(Henri Bergson)、保罗·萨缪尔森(Paul A. Samuels)等提出社会福利函数理论,认为社会福利和其影响因素之间存在一定函数关系。在一定收入分配条件下,社会福利最大化取决于各种因素的组合,究竟需纳入哪类因素,尚无定论。总之,被GDP及其改进指标所忽略的因素都考虑进去了。最常见的福利函数:福利等于各种影响因素的和或积。

(3)人类发展指数HDI

阿马蒂亚·森(Amaretya Sen)认为福利取决于人获取福利的能力,而商品或收入只是达到福利的手段。创造福利的不是商品本身,而是它带来的机会和活动,这些机会和活动赋予人们各项福利。

2.6 社会学理论

社会学是以社会、个人及社会行为等社会形态构成、运行过程和规律为研究对象的独立科学,目的是提出规划和政策,促进社会及个体的发展,是工业社会的产物,1838年法国实证主义哲学家奥古斯特·孔德在《实证哲学教程》第4卷提出了这一名词。社会学通常分为理论社会学、应用社会学和经验社会学,其具有整体性、综合性(研究对象和方法)、现实性、实证性和开放性等特点。社会学研究的综合性有利于从社会和经济增长的近、远期后果全面分析问题,使政府正确处理经济发展与社会发展、公平与效率、发达地区与落后地区的相互关系,从而为政府的各项决策提供依据和建议。

东北国有林区经济结构的调整和民生问题是中国社会总体发展的一个有机组成部分,家庭生计是很具体、很现实的社会现象之一,也是社会学学科研究的一种社会现象。习惯和场域左右着林区居民对当下国家政治、经济政策的认知和领会,也限制着居民改变现状的能动意识,自然而然地影响着林区居民家庭的生计结构和生活质量。生活质量指数便是衡量一个国家或者地区居民的卫生保健和国民教育水平的综合指标。

正确认识通过国家林产业经济改革而形成的新的林区社会生产生活模式与个人生产生活方式改变及个人发展之间的关系，明确政府目标和个人人生理想，减少和消除东北国有林区在适应国家政策、经济结构调整中出现的生活水平和质量向下波动的趋势及生计脆弱型贫困，合理、文明地安排国有林区经济转型时期的林区生产生活，提高国有林区在此特殊时期的居民生活质量，充分调动国有林区居民的积极性，使他们主动参与林区经济转型建设和致富生产，增强其幸福感，实现东北国有林区社会经济发展总目标和林区居民人生价值的和谐统一。这是国计国策目标之一，也为目前和将来进一步研究国有林区民生营养脆弱性提供有效的理论支撑和学术依托。

2.7　本章小结

本章对研究内容的相关概念进行了界定，主要包括脆弱性、生计、东北国有林区和国有林区生计脆弱性。另外，根据研究需要本章介绍了相关基础理论：可持续生计分析框架理论、脆弱性理论、“脆弱性－抗逆力”理论、福利经济学理论和社会学理论。本章内容为课题研究、进行内涵确定和下一步研究做好理论准备，是全书主体的承接和顺延。

第3章　东北国有林区职工家庭生计现状及问题

脆弱性反映了环境、社会、经济等多因素集合而成的潜在危害对人类活动的扰动影响及人类的反应能力。2001年4月，《科学》杂志在《可持续性科学》一文中将“自然－社会系统的脆弱性”研究列为可持续性社会科学的七个核心问题之一，说明脆弱性已经应用到社会科学中。20世纪80年代以来，脆弱性已成为学术界研究的热点问题之一。学者依自己的研究对脆弱性进行了不同定义，并依据自己的定义提出不同的脆弱性测度方法。一种是将定义“脆弱性是暴露于不利影响或遭受损害的可能性”套用于职工家庭生计脆弱性的研究中，得出生计脆弱性是职工家庭或个人在未来陷入贫困的可能性，这也是大多数学者通常采用的研究方法；另一种是运用期望效用理论，认为生计脆弱性是确定性等值消费的效用与期望效用的差，为居民家庭生计的主观偏好提供量化依据；还有一种就是结合大数定律，测度居民家庭生计在未来陷入脆弱状态的概率。Chaudhuri采用了大数定律这种方法，估计区域内居民家庭未来消费的均值和方差，对居民家庭未来的脆弱性发生概率进行预测。国内学者从2009年开始应用生计脆弱性理论，研究居民家庭生计脆弱性问题。黎洁用分层模型方法改进了Chaudhuri提出的贫困脆弱性测度模型，并应用于研究中国西部山区农户贫困脆弱性的影响因素；李丽以CHNS为数据源，采用描述性和推断性相结合的方法来研究脆弱性测度方法，并研究中国城乡居民家庭贫困脆弱性的根源、现状和解决办法；杨文则以Ligon和Schechter的理论为基础，首次将社会资本纳入脆弱性研究中，在中国农村及城市居民家庭生计脆弱性测度上得到了理想的结果。国内外许多学者都在积极探索贫困及生计脆弱性的内涵界定与计量方法，但国内多数学者都把研究重点放在中国贫困农村家庭生计上面，而对中国其他社会阶层的生计脆弱性问题的关注相对较少，特别是针对东北国有林区职工家庭生计脆弱性的研究，更没有典型的案例文献。长期以来，专家学者在国有林区问题的研究上，对东北国有林区职工家庭生计脆弱状况似乎有所忽视，虽然近年来也有学者开始关注国有林区的贫困问题及职工收入和生存问题，但成果不多，研究的内容、方法等也不够深入、具体。同时，还没有见到对东北国有林区职工家庭生计脆弱性的系统研究成果。

3.1 东北国有林区职工家庭收入现状

对东北国有林区职工家庭生计脆弱性的现状进行了解、掌握和分析具有重要的现实意义，它为国家和各级政府制定前瞻性的、有针对性的东北国有林区各项福祉政策的瞄准和差别救助政策的开发和设计提供参考和依据，降低了东北国有林区职工家庭生计脆弱程度。东北国有林区是中国最大的森林资源培育和木材生产基地，也是东北和华北平原的重要生态屏障。东北国有林区森林资源、生态区位及创造的社会、经济效益，在中国林业发展中占据着重要地位。林区职工是最基层的微观主体，为东北国有林区的发展做出了历史性贡献。伴随着森林资源的匮乏和东北国有林区整体经济的衰退，林区家庭生计的脆弱状况也日益突显，现已成为林区民生发展的重要问题。东北国有林区的发展，应该是本区域森林自然资本与社会资本之间形成的特别契约，但东北国有林区虽然自然资源相对丰富，却没有与林区职工家庭生计的状况构成东北国有林区经济发展的相对和谐的正相关，而是累积成重要矛盾，长期制约着东北国有林区的发展。随着国家“天保”工程的实施，东北国有林区的民生问题越来越受到各级政府和社会各界的广泛关注。尤其是“二期天然林资源保护工程”，将重点集中在改善国有林区职工家庭生计问题上，这是一个难得的改善民生的历史机遇。2011 年大小兴安岭生态功能区建设规划得到国家批复，这必将影响国有林区发展，森工企业、林区经济及相应的管理体制都将发生重大变革。首先会对国有林区职工家庭生计带来不同程度的影响，从而降低东北国有林区职工家庭生计的脆弱性，促进本区域民生发展。在国策支持和经济转型的特殊历史时期，如何充分利用这些战略性工程，有效提高国有林区职工家庭生计能力，改善生活质量，优化其可持续的生计资本，是新时期东北国有林区民生工作的重要任务。这需要充分明确影响、制约国有林区职工家庭生计脆弱程度的相关因素。

收入是众多影响东北国有林区职工家庭生计脆弱性因素中最直接、最明显，也是最能够直接量化东北国有林区职工家庭生计脆弱性风险的要素。因此，有必要将职工家庭的收入情况列于职工家庭生计五项资本之外，进行单独的分析。

2014 年东北国有林区职工家庭可支配收入水平，如图 3 - 1 所示。

东北国有林区职工平均年收入及人均年收入与城镇人均可支配收入之间的差距很大，且职工家庭的消费主要用于衣、食、住等生活基础消费，也就是说，食物消

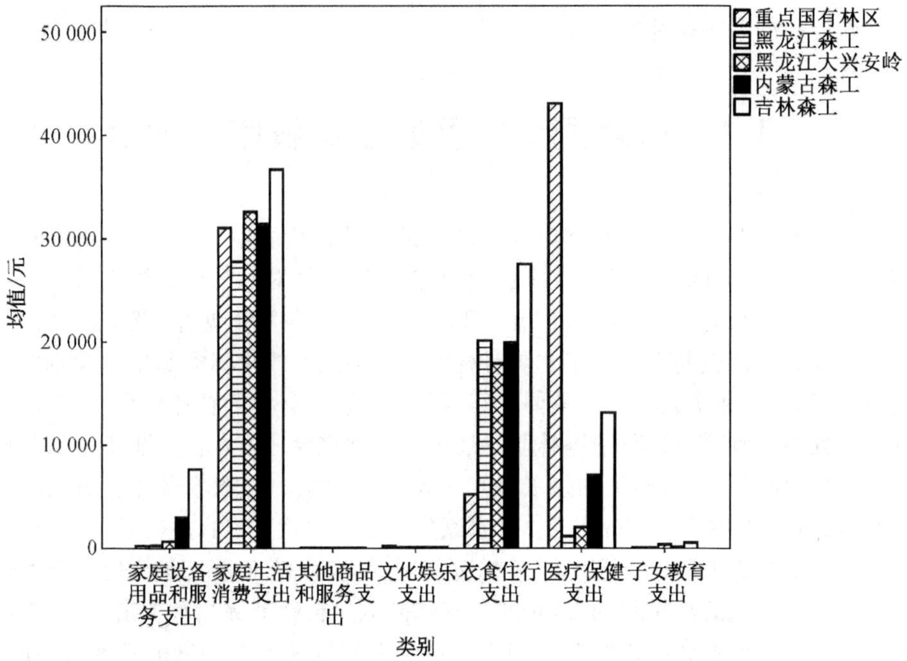

图 3－1　2014 年东北国有林区职工家庭可支配收入水平

费是林区职工家庭支出的主要部分，因此，东北国有林区居民家庭生活消费的恩格尔系数自然会很高。东北国有林区的林场职工存在经营林下经济作物和产品采集、家庭副业、外出打工等其他收入，贫困程度因此会有所减轻，但这些都是东北国有林区职工家庭生计脆弱程度中缓解和降低脆弱程度的不确定因素，作用不会太大，对居民家庭整体生计状况的改善也不会明显。东北国有林区林业作业职工的平均年收入略高于农民的人均年收入，但国有林区职工家庭的人均年收入还是远远低于农民家庭人均年收入，而且由于森工林区林业职工家庭要支出比农民更多的生活费用（农民有自给自足的口粮、蔬菜等），所以实际上东北国有林区的林业职工家庭比农民家庭生计脆弱程度相对要高。

在研究过程中，考察的东北国有林区职工家庭收入状况包括双职工收入和职工家庭其他收入。从林区职工的年均收入可以推算出，2014 年国有林区职工家庭双职工平均年收入只有 24 682 元，双职工占职工总数比例仅为 14%。加之并非人人享有医疗保险等社会福利保障，医疗等方面的刚性生活消费支出与收入水平较高的城市职工家庭并无明显差别。在子女的学校教育方面，也要和城市居民缴纳同样的学费，这样他们的隐性生计脆弱程度就更高了。由此可见，国有林区职工家庭生计的脆弱程度高于职工家庭生计脆弱性的平均水平,更高于全国的职工家庭生计脆弱性水平,东北国有林区林业职工家庭生计比农村居民家庭生计更加脆弱。东北国有林区职工家庭的总收入与社会平均水平差距越来越大,物质、文化等生活消费仍处于很低的水平,生计状况相当脆弱。

根据调查数据初步分析,发现东北国有林区职工家庭收入水平自天然林保护工程实施以后显著提高,收入结构变化明显,但林区收入差距仍然存在,职工家庭生计贫困状况仍然很严重。

3.1.1　家庭收入水平及增长速度

从1998年到2014年,东北国有林区职工家庭收入水平不断提高,但还是远远低于城镇居民家庭收入,仅为城镇居民家庭收入水平的44%,这说明国有林区职工虽然是城镇户口,但某种程度上讲,其经济收入实质上与城市郊区的农村所差无几,这与他们所拥有的丰富的森林资源形成鲜明的对比。其中,黑龙江省林业职工的生活质量始终是三省中最低的。2012年,其人均总收入居然低于农村居民家庭。相比较而言,吉林省林业职工生活质量在三省中算是比较高的。从国有林区职工收入的年增长速度看,2013年后有了显著提高。比较国有林区职工总收入的年增长速度与各省及全国的城镇居民家庭收入、农村居民家庭收入,可以看出,2013年以前,三省国有林区职工总收入的增长速度均低于城镇居民家庭,但高于农村居民家庭。2013年以后,年均增速不仅高于农村居民家庭的人均增速,也高于城镇居民人均可支配收入的年均增速。三省林区职工家庭收入的总体状况与全国增速相比较,按人均收入均值计算,结果与区域内的比较结果相同,但按中位数来看,低于全国水平。这是因为三省在全国算是经济欠发达地区,经济发展较慢,城镇居民总收入与农村人均纯收入平均增速也低于全国城镇和农村居民家庭总收入水平。所以总体来说,与全国水平相比会呈现出不同的结果。虽然增速有所提高,但国有林区职工收入基数低,所以到2014年,按均值看,国有林区职工家庭总收入仍然只占城镇人均可支配收入的45%,以中位数来看,仅占35%,大幅度收入差距仍然存在。

3.1.2　家庭收入结构变化

国有林区职工收入水平逐年提高。其中,工资性收入和退休金是主要收入来源,农业收入的占比明显提高。工资性收入由2012年占家庭总收入的74%,下降到2013年的60%,2014年下降到58.6%,但仍占职工收入的1/2以上;退休金占比逐年上升，由2012年的22%提高到2013年的26%，2014年达到28%，占退休职工收入的1/4以上；其他方面收入中，林区职工家庭的农业收入明显提高，由2012年的1.14%，提高到2013年的3.56%，2014年的11.39%，成为职工家庭重要收入来源之一。由此可以看出，职工家庭收入由以工资性收入为主转为工资性收入与退休金、非工资性收入三种渠道并举。职工对于林业局的依赖程度逐年降低，印证了国有林区加工业改制和林区就业渠道多元化成效显著。

从东北国有林区职工的居住地区看，国有林区职工家庭可以分为两种：一是居住在山上林场，专门从事林业生产的职工家庭；二是住在山下局址，从事辅助工作和其他作业的林业职工家庭（分别简称为山上和山下职工家庭）。

从逐渐把职工家庭的居住地点划为“山上”和“山下”可以看出，两种职工家庭的收入水平经历了交替增长和逐渐收敛的过程。在1997年“天保”工程实施前，“山下”职工的家庭收入高于“山上”职工；到2004年，“山上”职工家庭收入超过了“山下”职工；到2008年，“山上”与“山下”职工家庭收入差距又在缩小。两部分职工家庭收入变化的原因主要是“天保”工程实施前，职工收入仍由国有林业企业内部岗位分工主导，山下的职工主要是机关干部和加工企业职工，收入高于山上造林和采伐业的职工。“天保”工程实施之后，大批职工买断，林区多数经济组织解体、改制，职工家庭收入来源趋于多样化。变化之初，山上职工因为接近林地及自然资源，多种家庭承包制使来源于非木产品（林下经济作物）、农业和畜牧业的收入快速增长，超过了山下职工家庭收入，但经营土地的收入增长潜力毕竟有限。随着民营经济、市场经济的发展，林区职工就业机会和收入不断增加，山下职工家庭收入快速增长，两部分家庭由于地理等自然条件不同而产生的收入差异逐步消失。从“山上”与“山下”职工的收入来源看，结构差异非常明显。“山下”职工家庭的收入来源比较单一，工资性收入占总收入的95%以上，但纯粹的工资性收入所占比例也由“天保”工程实施前的72%降到2012年的60%，到2013年又提高到64.61%；退休金所占比例变化则相反，由“天保”工程实施前的26.71%提高到2013年的37.14%，2014年又降到32.94%。但“山上”职工收入中除工资与退休金外，其农业收入是第三大收入来源，这与“山上”职工土地资源丰富、便于农业生产有密切关系。且农业用地与林业用地相比较，资源耗用少，收益高。这对“山上”职工工资性收入起到了很好的稳定作用。非国营和非本局居民获得工资性收入都在增加。非国营的工资性收入比例由2012年的18.38%，提高到2014年的39.57%；非本局的工资性收入比例由2012年的6.83%，提高到2013年的10.83%，2014年达到28.93%。占重要收入来源的工资性收入中，林业工资收入比例由2012年的60.54%下降到2013年的38.97%，2014年为35.42%。

2013年东北国有林区山上林场和山下局职工家庭可支配收入如图3-2所示。

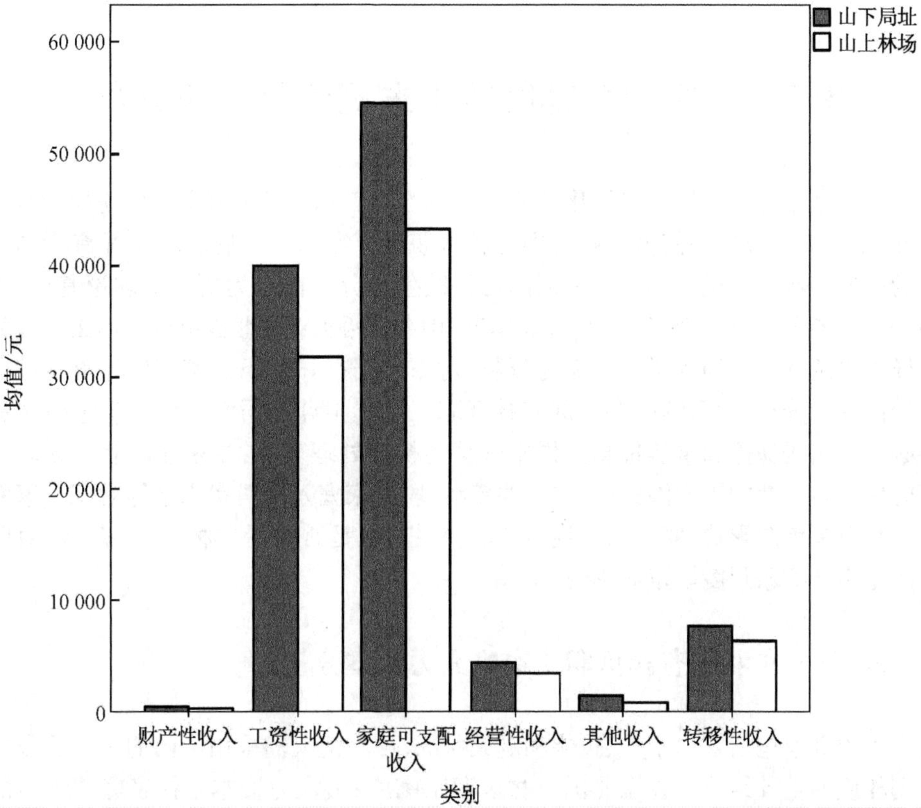

图 3－2　2013 年东北国有林区山上林场和山下局职工家庭可支配收入

国家确定大小兴安岭生态功能区和实施二期“天保”工程，意味着东北国有林区必须由“木”到“非木”的经济转型。虽然一期“天保”工程一定程度上改善了东北国有林区职工家庭生计状况，但东北国有林区职工家庭收入与城镇职工的收入相比仍有很大的差距。近几年的东北国有林区经济发展和转型过程中，东北国有林区的职工年平均工资与城镇职工的年平均工资的差距拉大了。因此，提高东北国有林区职工的收入是目前东北国有林区经济发展中迫切需要解决的重要民生问题。按照《大小兴安岭林区生态保护与经济转型规划（2010—2020）》的要求，到 2020 年撤并国有林场 230 个。东北国有林区的经济转型对山上和山下职工家庭收入的影响不尽相同，相对于山下职工家庭，山上职工家庭更便于在生产作业的同时，从事林下经济作物的种植和畜禽类的养殖等农林业生产，从而对其家庭经营收入有所贡献，但同时因为机构撤并等原因也会增加山上家庭就医、子女求学等生活和教育成本。

3.2　东北国有林区职工家庭生计资本现状

收入是相对客观的可以量化东北国有林区职工家庭生计脆弱性程度的指标。此外,生计五项资本的其他因素对国有林区职工家庭的生计脆弱性也都有不同程度的影响。本书以英国国际发展部的可持续生计分析框架为研究的理论基础,按照 SLA 分析框架的五项资本内容,以作者 2014 年两次对东北国有林区职工家庭的抽样入户调查所得到的样本数据为资料,对东北国有林区职工家庭生计资本进行了全面综合分析,为后续的东北国有林区职工家庭生计脆弱性定性及定量研究提供必要的实践支撑和事实依据。样本数据的初期处理表明:在东北国有林区职工家庭生计脆弱性的影响因素中,户主的年龄、职工家庭人均消费水平等对职工家庭生计状况呈负向影响;职工家庭规模、人均负担比、是否生活在林场(经营所)对职工家庭生计脆弱程度呈正向影响。

3.2.1　东北国有林区职工家庭人力资本分析

人力资本包括知识水平、技能和健康状况,可以使人们采用不同的生计手段并得到相应的生计结果。在东北国有林区职工家庭中,人力资本是指家庭劳动力的人数、家庭规模、技能水平以及健康状况等。人力资本能使其他四种生计资本得到充分利用,得到积极的生计结果,所以它是生计资本的基础和核心。

表 3－1 是根据 2013 年作者对东北国有林区抽样入户调查得到的第一手数据制作的。由图 3－3 可以看出,人力资本在东北国有林区职工家庭生计的五项资本中占有重要的地位,是影响职工家庭生计能力的重要因素之一。

表 3－1　东北国有林区人力资源的数量分布

各类机构	数量/个	职工/人	占职工总数的比例
林区中小学	687	29	5.5%
医疗机构	787	25	5.0%
公安局、检察院、法院、司法局	154	12	2.3%

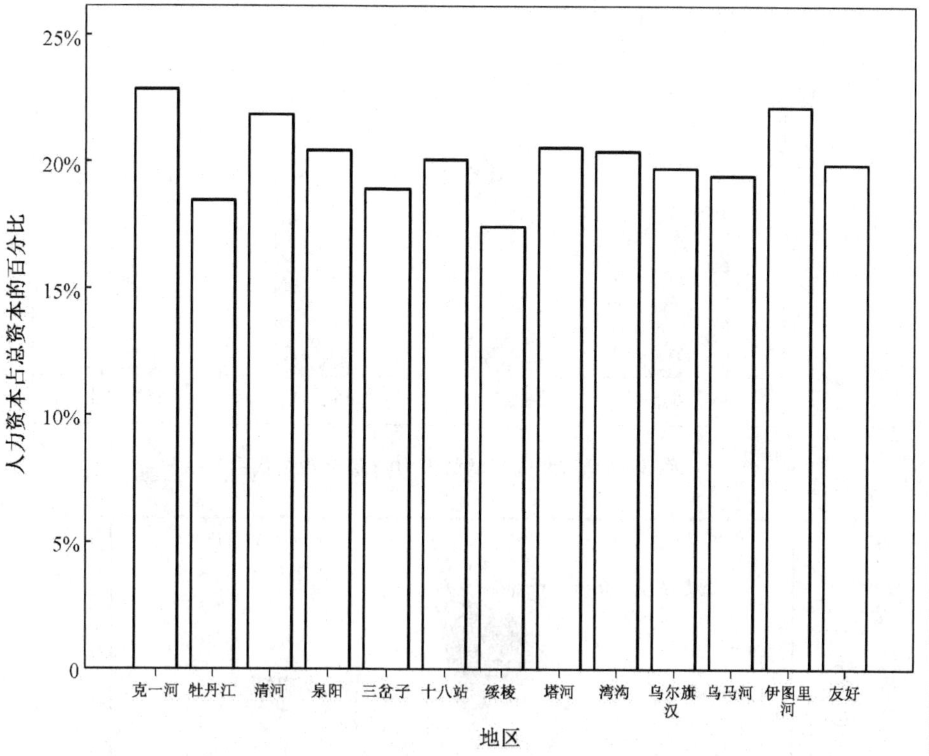

图3-3 东北国有林区人力资本占总资本的百分比

年龄结构:35岁及以下163 709人,占东北国有林区总人口的30.71%;36至45岁214 404人,占东北国有林区总人口的40.22%;46至54岁149 262人,占东北国有林区总人口的28%;55岁及以上5 703人,占东北国有林区总人口的1.07%(图3-4)。

学历结构:东北国有林区职工总数533 078人,其中研究生以上学历799人,占总人数的0.15%;大学本科学历28 679人,占总人数的5.38%;大(中)专学历166 321人,占总人数的31.20%,高中及以下学历337 279人,占职工总数的63.27%。2013年东北国有林区居民教育水平如图3-5所示,2014年东北国有林区人力资源学历结构如图3-6所示。

教育培训:2012—2014年,有113 989人参加了各类培训,占职工总数的21.38%;在职进行学历学位教育的有7 061人,占职工总数的1.32%。主要原因:一是职工家庭成年劳动力赡养负担重,不仅要抚育子女还要赡养老人;二是职工受

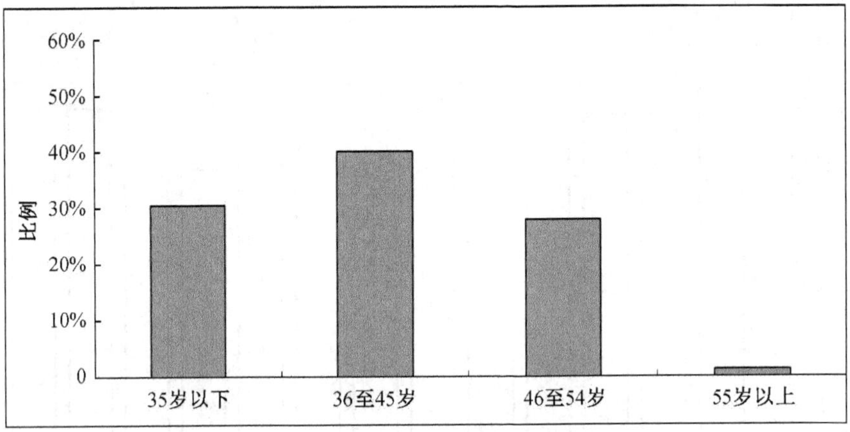

图3－4　东北国有林区人力资源年龄结构图

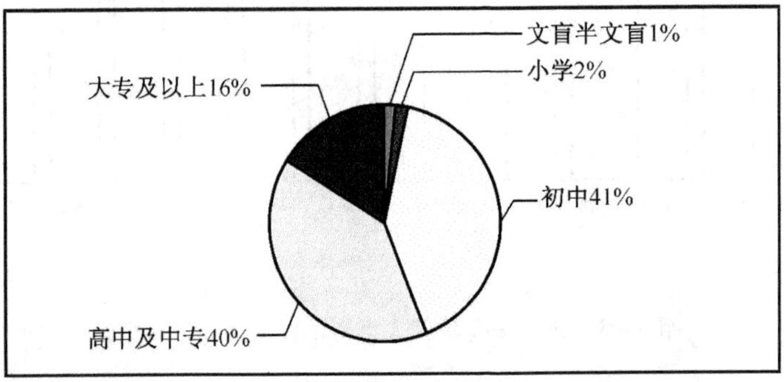

图3－5　2013年东北国有林区居民教育水平

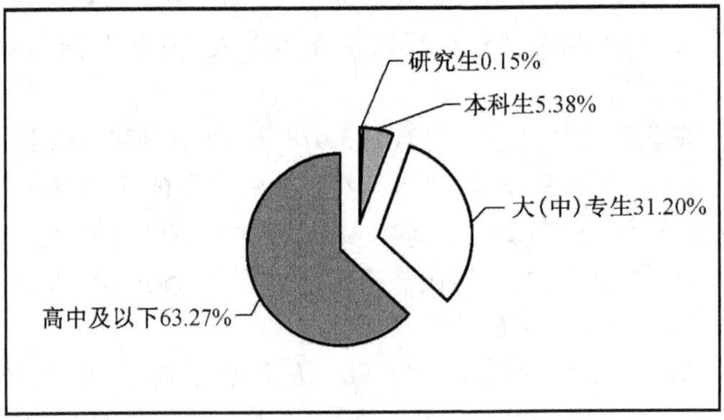

图3－6　2014年东北国有林区人力资源学历结构图

教育程度相对较高，具有高中及以上学历者近一半，但对人力资本投资不足，职工培训和教育工作滞后；三是职工家庭收入主要来源于工资性收入，其他收入来源渠道少，家庭收入水平不高；四是职工家庭社会资本不强，亲戚中开办企业的少，在技术服务部门、化肥农药及种子销售部门工作的亲戚也较少。

3.2.2　东北国有林区职工家庭自然资本分析

自然资本是指自然资源的存量、即生计资源及相关服务，可分为无形公共资本（大气、生物多样性）和有形的可以直接用于生产的资本（土地、树木等），以及生态服务。自然资本与脆弱性背景直接相关。职工家庭的生计对自然资源的依赖性很强，自然资源这一先天禀赋决定了林区职工家庭生计中面临的风险和不确定性。

通过自然资本占总资本的百分比（图 3－7）可以看出，大兴安岭地区，主要有克一河、伊图里河、乌尔旗汉、十八站等；长白山脉的泉阳、乌马河等地的自然资源相当丰富，自然资本先天禀赋充足；塔河、乌马河、友好等地的自然资本十分欠缺。

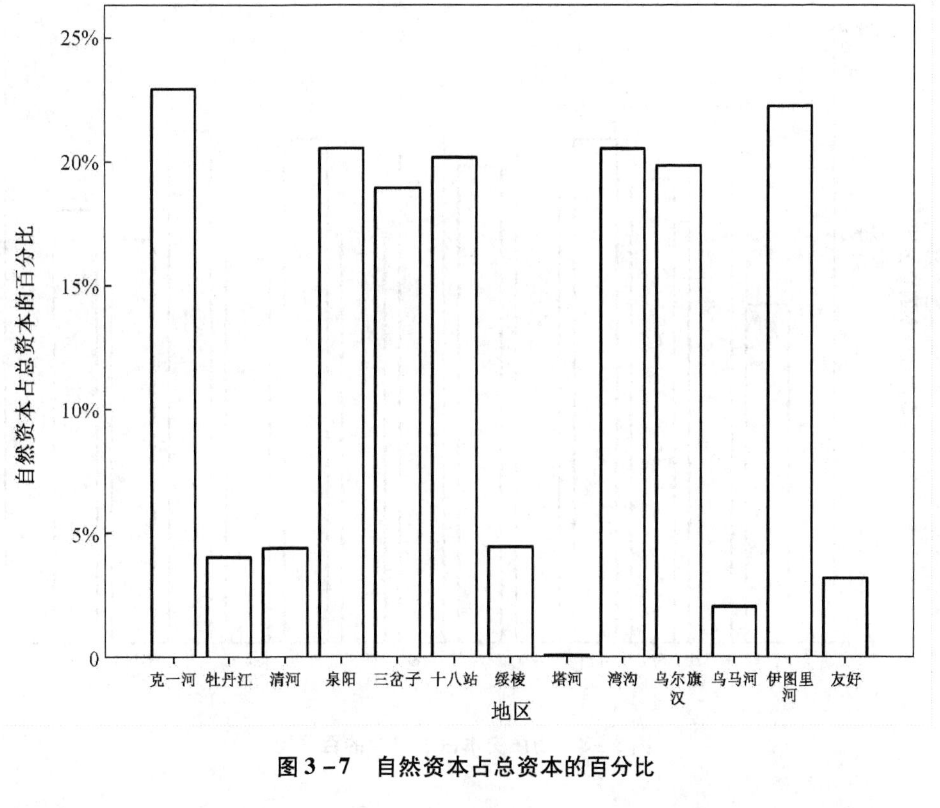

图 3－7　自然资本占总资本的百分比

这与当地自然资源的先天禀赋有直接关系。自然资源充足对当地职工家庭生计能力的组合和再造都是有利的,但同时也要有当地政府政策和林业相关部门的措施及林业简单科技的指导才能使这些自然资本得到充分开发和利用。

3.2.3 东北国有林区职工家庭物质资本分析

物质资本是指可以提高林区职工生产力、用以维持生计的基本生产资料和基础设施。如图3-8物质资本占总资本的百分比所示,东北国有林区各林业局的物质资源都相对丰富,其中绥棱地区物质资源最为丰富,原因是这里采用多种形式充分开发和利用当地的有利条件,开展多种经营,不只是生产木材,还对经济转型后职工的生计提早做了安排,为被分流减裁的林业职工提供后继生计保障和谋生手段。只有克一河的物质资源相对欠缺些。这与国民经济建设初期的国家计划经济的资源配置是分不开的,东北国有林区又是中国最大的森林资源储备基地,因此在生产生活和公用设施建设方面都起步早,且设施相对齐全。

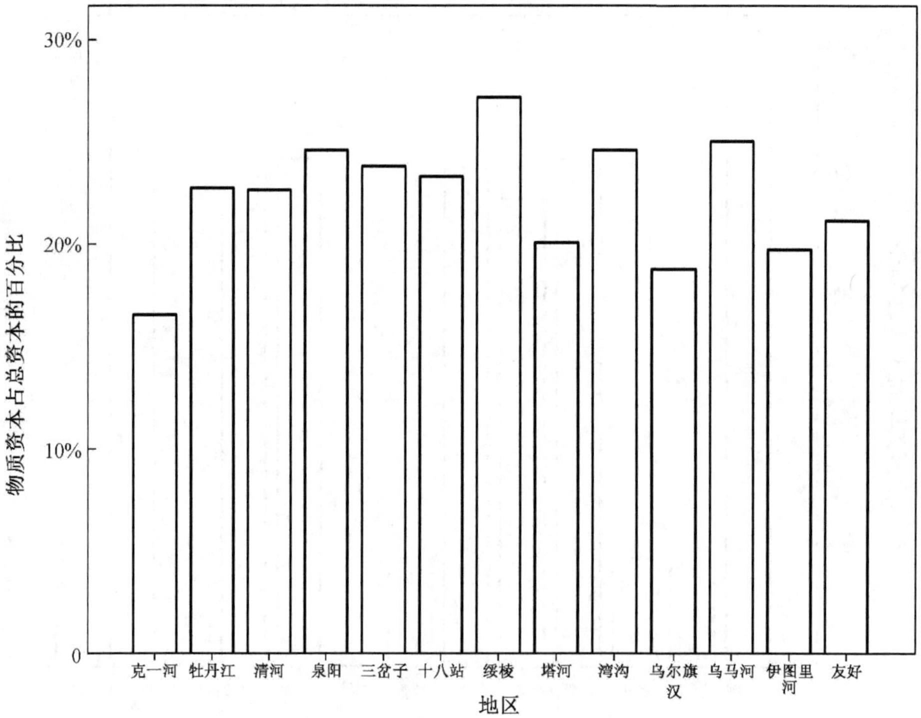

图3-8 物质资本占总资本的百分比

3.2.4　东北国有林区职工家庭金融资本分析

金融资本是指职工家庭在日常消费和生产过程中,为取得生计目标需要的积累和流动资产,主要指金钱,但其他的实物也能起到金钱的积累和交换作用。所以金融资本不仅仅是指经济学上的含义,还包括有助于生产和消费的流量和存量两个部分。一般有两个来源渠道:现有的存量(储蓄等)和定期的资金流入(抚恤金等)。这里的金融资本不包括居民家庭收入,因为收入为被解释变量。

图 3－9 显示出,东北国有林区各地区职工家庭的金融资本总量相差不多、相对稳定,说明各地的生产和生活方式决定了当地林业职工家庭的收入渠道和方式,且无本质上的地域差别,这有利于东北国有林区职工家庭的生计积累和发展。

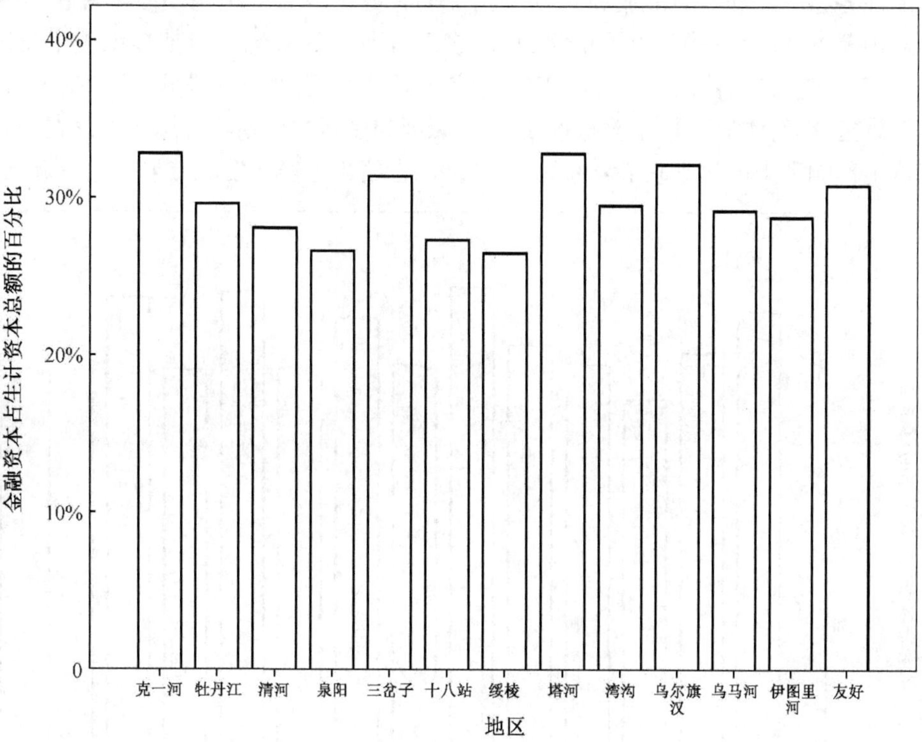

图 3－9　金融资本占生计资本总额的百分比

3.2.5 东北国有林区职工家庭社会资本分析

社会资本是指在生计脆弱性背景下，人们为达到生计目标所利用和开发的社会资源。社会资本包括三部分：社会关系网、社会组织、垂直和水平的社会联系。它可以增强人们的相互信任和合作能力，及时反映机构对需求的给予。在五种生计资本中，社会资本与外部联系最为密切，可以把它看成组织机构和程序规则外部环境的产物，反之亦然。二者的关系是双向的，人们通过公共准则和约束力取得联系，则更容易形成新的组织来寻求自己的利益，如林业合作组织等机构。

图3－10社会资本占生计总资本的百分比给出的启示表明，东北国有林区各地区职工家庭在生产和生活中与当地的社会组织的关系和联系都相对密切，社区、政府在各项生计资本的形成和组合过程中都有健全的组织机构。但作者在2014年对内蒙古林区克一河、伊图里河、乌尔旗汉林业局的实地入户抽样调查中反映出，由于当地政府、社区与林业职工家庭信息不对称，且因公共设施，比如交通、通信等渠道落后，沟通不是非常畅通，地域性原因和多年的计划经济思维观念在一定程度上影响了当地林业职工家庭的生产收入，也给当地经济发展带来一定的阻碍。

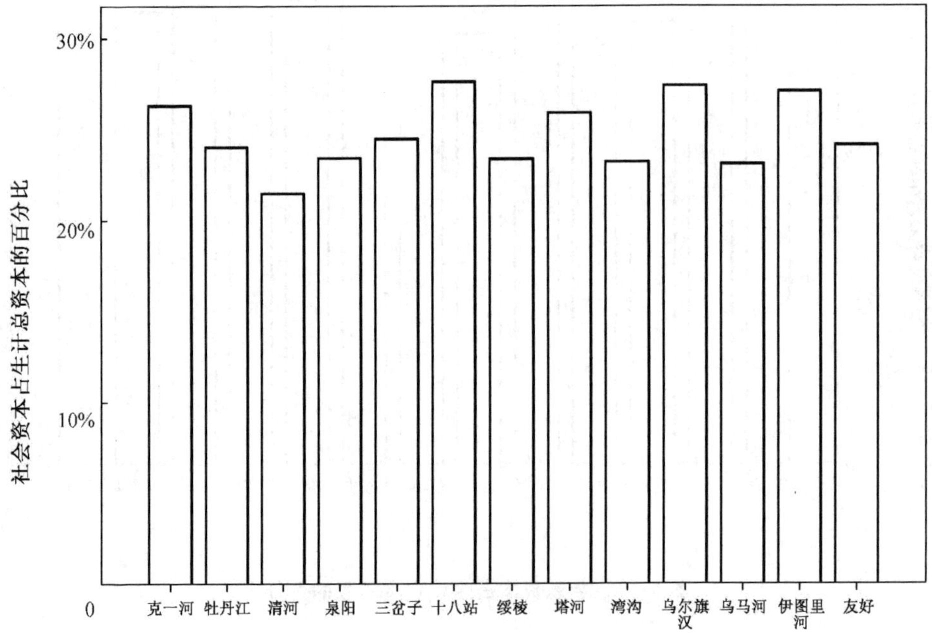

图3－10 社会资本占生计总资本的百分比

3.3　东北国有林区职工家庭生计现状

林区的生计状况有很多方面，这里选取最重要的、有代表性的就业、医疗、饮用水三方面来分析。

3.3.1　就业状况分析

年龄结构对林区职工的就业情况影响非常大。2013 年 30 岁以下的成年林区职工家庭中上学者占适龄人员的 40% 以上，无业者占适龄人员的 14% 以上，说明在东北国有林区适龄人员的就业问题仍然严重。而 40 ~ 49 岁的人员中就出现了退休现象，50 ~ 59 岁的退休人员则接近林区总人口的 30%，真正的退休年龄(60 岁)以上又存在大批无业人员，约占林区总人口的 31%，这些人没有任何社会保障，这给林区职工家庭生活和民生发展带来了巨大的压力和负担，加大了林区生计脆弱程度。

职工家庭年龄及就业状况如图 3 - 11 所示，职工家庭文化程度及就业状况如图 3 - 12 所示。

3.3.2　居民家庭饮用水状况分析

饮用水是一个地区居民生活的必需品，饮用水状况是居民家庭生活质量最基本的保证，是当地居民生计综合能力的基本条件和重要标志之一，在生产和生活基础设施都不完善的东北国有林区林场职工家庭生计指标中尤为重要。

通过入户调查发现，东北国有林区职工家庭的饮用水主要是自来水，占居民饮用水的 65%，其次是井水、山泉水，占比为 31%，江河湖水及其他类型的水共占 4% 左右(图 3 - 13)。其中，吉林林区自来水饮用率高，内蒙古林区则更多使用井水。

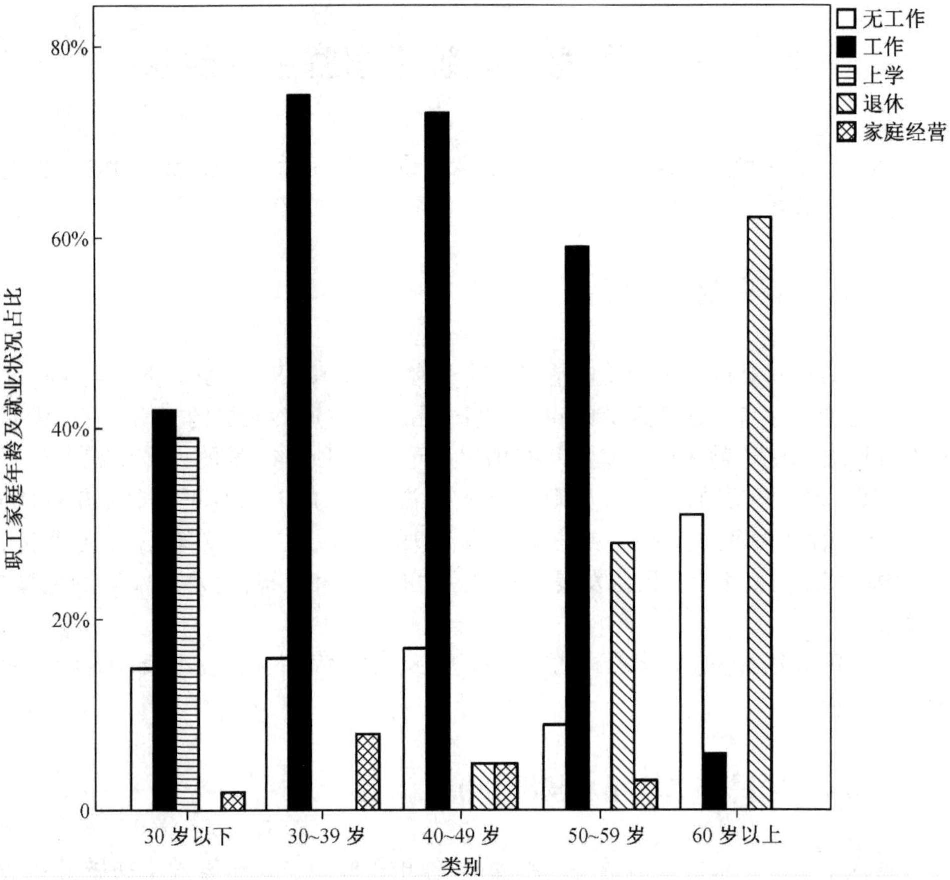

图 3－11　职工家庭年龄及就业状况

3.3.3　性别及健康状况分析

图 3－14 显示出，在东北国有林区，女性的健康状况相对较差，常年患病的人群中，女性占半数以上。而健康的人群中，女性占比则不到一半，男性占比相对高一些，在一半以上。这也从另一个方面表明，林区的医疗条件不足，职工家庭的生计存在贫困及脆弱状况。

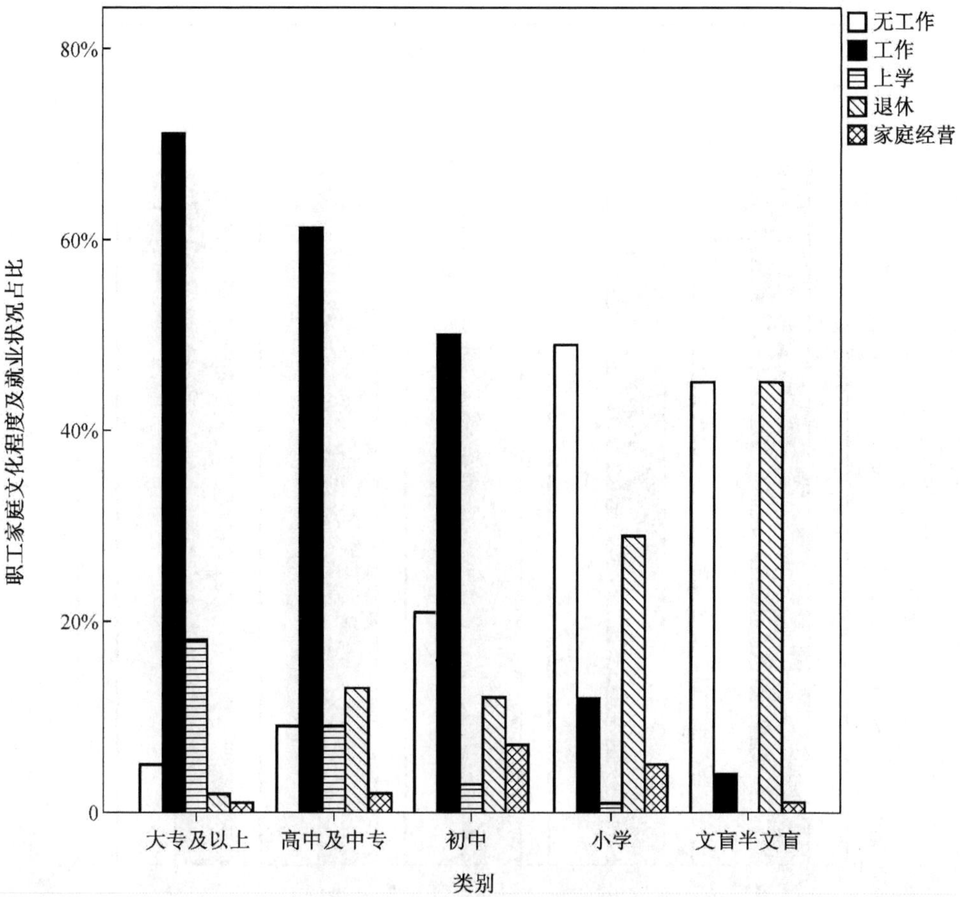

图 3－12　职工家庭文化程度及就业状况

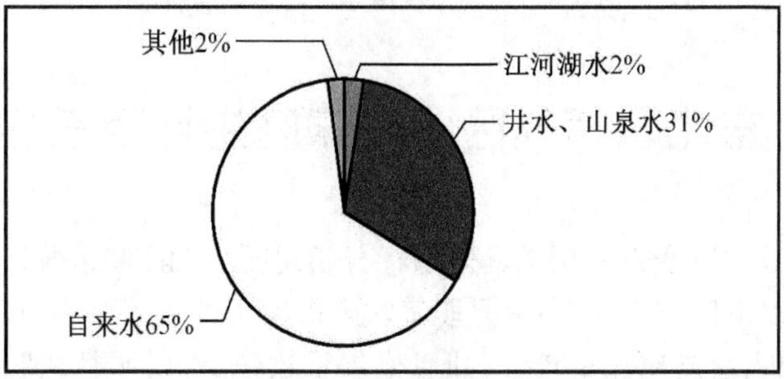

图 3－13　家庭饮用水情况

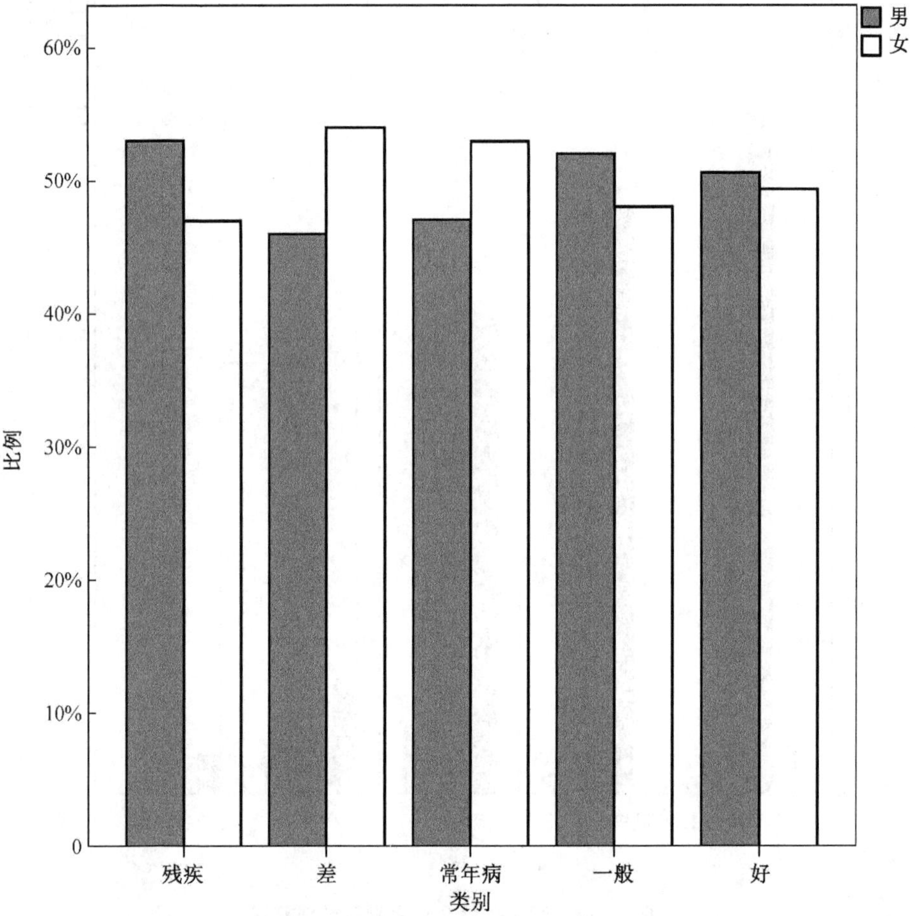

图 3－14　职工健康状况的性别差异

3.4　东北国有林区职工家庭生计存在的问题

由以上三节中三个方面 9 个具体指标分析可见，目前东北国有林区职工家庭生计主要存在以下四方面问题：一是职工收入以工资性收入为主，且工资水平相对较低，食物支出占总支出比重较大，即恩格尔系数较高，说明林区职工家庭生活质量不高，生计水平较低；二是由于年龄、文化、技能、国有林区体制改革等原因，就业率不高，失业人群占比较高，就业压力大；三是职工家庭生计资本配置不合理，多数家庭单项生计资本短缺，出现“木桶短板”现象，因此影响家庭其他各项资本的配置和组合，以单一弱项增加了致贫结果的产生；四是社会保障功能很弱，医疗保障、养老保障等机制都不健全。

3.5 本章小结

这一章是本书第二大部分的开端。本章以DFID分析框架为支撑，以五项生计资本的自然禀赋为依托，从职工家庭的收入、五项资本组合的短板状况、职工家庭生计最重要的三个代表性方面（就业、医疗、饮用水）研究了东北国有林区职工家庭生计的现状和存在的生计问题。为下一步的影响因素分析提供了翔实的素材，做好了充分的研究准备。

第4章　东北国有林区职工家庭生计问题产生的原因

2014年联合国开发计划署出版的标志性出版物《2014年人类发展报告》题目为《促进人类持续进步:降低脆弱性,增强抗逆力》。可见,民生脆弱性研究是世界经济发展和人类社会进步及学术研究的永恒主题。东北国有林区职工家庭的生计现状初步表明:国有林区职工家庭的生活质量和生产方式及经济发展相对落后,如果任其发展下去,存在走向贫困和脆弱的趋势。

4.1　脆弱性的作用机理

脆弱性由个体、组织、系统的内部结构和特征决定,其对风险冲击高敏感、低抵抗能力、弹性小,容易失去系统原有结构、存在形式及功能属性,状态不稳定,是影响系统脆弱性属性的直接原因,也是最根本的原因,但不是决定性因素。脆弱性隐显于其载体之内,是保障、风险与暴露的函数,是脆弱性事物的显著表征。脆弱性的动态性和前瞻性,使脆弱性研究具有理论意义和实践价值。其动态性表现在系统脆弱程度会随系统内部结构和特征的变化而改变,可以通过自身或人为因素改变其内部结构及其暴露形式,最终表现出较低脆弱性的特征,增加系统的稳定性。一个系统在此时脆弱性较低,但在彼时,由于结构的变化,脆弱性可能更高。脆弱性作为社会经济或者文化现象的存在,具有动态特征。

现代中国家庭的核心特征是少子化和代际分离。按照国际通用做法,把每人每天1美元作为贫困线,把1年或者几年内有50%以上成为贫困的可能性作为脆弱性的底线。即在将来给定时间内,某种福利将比标准福利降低的可能性。时间和福利测量是脆弱性的基础,是影响系统脆弱性显性化的直接原因。

脆弱性是20世纪80年代以来国际上在生态环境的变化和可持续发展研究中出现相对频繁的一个新概念。在地理学研究领域,P. Timmerman在1981年率先使用了脆弱性这一概念。1982 年,在经济学研究领域,P. Hyman 系统地提出了金融脆弱性假说,这一假说在本领域的研究中迅速扩展和升温。在社会学研究领域,脆弱性主要用于对贫困和可持续生计问题的研究。世界银行 2000 年提出"贫困脆弱性"概念,即居民家庭未来福利缺失或与之相关联的风险,使贫困定义趋向动态化,即贫困脆弱性越高,居民家庭陷入贫困的概率就越大,反之则越小。

脆弱性是一个多维度概念。Lydia Feito 认为至少有两个维度:人类学和社会学。脆弱性分析维度是构建脆弱性分析框架的基本要素。

脆弱性这一概念起源于对自然灾害问题的研究。脆弱性大体包括以下几层含义:一是暴露出不利影响或遭受损害的可能性;二是遭受不利影响损害或威胁的程度;三是承受不利影响的能力;四是一种概念的集合(包括风险、敏感性、恢复力等);五是由于对冲击的敏感性和缺乏抵抗能力造成系统结构和功能发生改变的属性。第一种与风险类似;第二种强调系统面对冲击的结果;第三种强调系统应对能力和抵抗力,但这只是脆弱性的表征,不是本质;第四种强调了表征;第五种从系统内部结构和功能角度分析。脆弱性表明该系统存在内在不稳定性,是系统本身含有的;系统对外界的干扰和变化敏感;受外来干扰和环境变化的胁迫,易遭受某种程度的损失或损害,且难以复原,是危害产生的根本原因。如果不加以控制和优化,其结果就是危机的出现。

4.2　东北国有林区居民家庭生计问题的内部原因

4.2.1　计划管理体制不适合市场经济及经济发展的需要

东北国有林区的林业局实行的还是计划经济的管理模式,政企不分、政事不分。内蒙古大兴安岭林管局对下属企业管理过多,在企业效益十分困难的情况下,还要向其上级林管局每年交纳 2 亿元的资金,以维持庞大的林管局的运转。另外,企业办社会化严重,每个林业局都有自己的公安部门和学校、医院、广电等事业单位。这些沉重负担,使企业不但无力扩大再生产,也缺乏竞争力,使企业难以正常发展,体制机制改革还没有完全到位。一是资源管理体制还没有完全理顺,管护与采伐的矛盾仍然比较突出。二是社会职能剥离还没有彻底到位,尽管学校分离出去了,但部分教育经费仍然要企业承担;公、检、法虽然实行了推公转制,但只有部分人员编制、经费得到了全部落实,延边林业的公、检、法人员开支仍然要企业负担;林区医院由于地方医疗保险入门费用远远高于现有医院的运行成本,目前仍然由林业企业管理和运行;由于林业企业局址与地方隔离的特殊性,决定了供水、供电、供热、卫生、消防等社会职能仍然由企业承担,政企不分、政事不分、企业包袱沉重的问题仍然存在。三是产业结构调整还不到位。产业结构层次较低,整体结构功能弱,产出水平不高,经济效益及市场竞争力不强,难以适应新形势、新要求。

4.2.2 国家对解决“三林”问题的困难程度认识不足

“天保”工程实施后,没有像“三农”问题那样引起从中央到地方各级政府的重视,造成了对林业取得多,给予得少,更谈不上大规模的投资和反哺的状况。可以说,“三林”问题既是一个历史问题,也有现实的原因。林区居民家庭生计脆弱状况亟须改善。由于长期处在计划经济体制下,林业既有培育森林资源、维护生态环境的社会公益职能,又承担着林区的社会管理职能。在可供开发的森林资源消耗殆尽、木材大幅减产、木材销售收入逐步减少的同时,在岗富余人员和离退休人员急剧增加,社会负担进一步加重,林区职工与地方企业职工的生活水平差距越来越大。目前,东北国有林区里退休人员年人均工资低于 3 000 元的有 3 个林业局,年人均工资低于 4 000 元的有 5 个林业局。2012 年吉林省林业在岗职工年平均工资为 13 591 元,仅相当于全省职工平均工资 23 486 元的 58%。由于多年来林业职工工资偏低,造成林区贫困群体较大。2010 年新华社《国内动态清样》(第 13747 期)反映大石头林业局“单职工家庭人均月收入不超过 150 元的在岗困难职工就有 749 户、1 920 人,困难群体占全局总人口的 30% 以上”。林区基础设施欠账多、设施陈旧。据测算,中华人民共和国成立以来国家对吉林省国有林区基础设施投入欠账达 70 亿元以上,林区道路、供电、供水、医疗卫生等设施都极度老化。林业职工住房难、就医难、行路难、子女就业难等民生状况还亟待改善。尽管实施了林业棚户区改造工程,但仍然有相当一部分棚户区没有被改造。在泉阳林业局,目前仍然有5 000多户住在棚户区中,按每年每户消耗 4 立方米木材计算,每年就需要消耗掉木材 20 000 立方米,折合经济价值 800 余万元。已经实施了棚户区改造的住房,因维护运营费等居住成本的提高,给居民带来新的负担。调查中发现,不少林区居民已经喜迁新居,但随之而来的是居民因为承担不起小区水、暖、电、气及物业管理维护的运营费用而忧心忡忡。部分原址改扩建且不具备集中供暖条件的棚户区改造居民又转向以烧柴取暖为主,出现了新的资源隐形消耗;特殊困难群体问题突出,无力承担个人支付的部分。“天保”一期工程中,吉林省重点国有林区一次性安置富余职工 116 500 人,比目前的在册职工还要多,但这些人被推向社会后实现固定就业和通过社保体系正常退休的只有三分之一,有三分之二的人没有固定职业,没有续缴养老保险,这成为林区重大的民生问题。

4.2.3　林区职工思想观念滞后,国家的扶持力度不够

林区职工由于长期受计划经济的影响和长期生活在边远的林区,思想相对封闭。他们感觉每月能挣 1 300 ~ 1 500 元就很满足了,“小富既安,不富也安”的思想在他们头脑中“根深蒂固”。中央下发《关于加快林业发展的决定》后,从国家到地方不同程度地出现了重视生态建设、忽视产业发展的倾向,林业产业发展完全交由市场来调节。由于林业经营周期长、利润率低,是个弱势产业,历史上国民经济发展对林业长期透支,导致林业企业先天不足,加之受现行体制和林业各种政策法规约束,林业企业和经营者很难一下成为真正意义上的市场主体,因而大大降低了社会各界投资经营林业的积极性,致使林业经济发展缓慢,就业压力、稳定压力比以往任何时期都重,难度也更大。另外,由于特殊的历史原因,林区被国家许多扶持政策边缘化了。西部大开发、振兴东北老工业基地、村村通、泥草房改造,甚至农机具补贴和家电下乡等优惠政策,林区都无法享受。

劳动力供大于求的矛盾依然突出;富余职工一次性安置指标和实际需求相差甚远;地方配套资金不到位对人员分流安置造成一定影响;下岗职工进入再就业中心或领取下岗生活补助满 3 年后与企业解除劳动关系的政策无法落实,增大了人员分流安置的压力;国有森工企业中的集体职工无法安置;林区的就业观念尚未从根本上发生改变;下岗失业人员就业技能单一,亟待加强培训;企业办社会负担沉重,也在一定程度上影响了职工就业。

三省林业职工家庭收入变化见表 4 – 1。

表 4 – 1　三省林业职工家庭收入变化　　单位:元

收入来源	总体			山下			山上		
	2012 年	2013 年	2014 年	2012 年	2013 年	2014 年	2012 年	2013 年	2014 年
工资	1 708.19	2 435.42	4 434.71	1 768.96	2 269.64	4 852.75	1 647.09	2 602.11	4 058.21
农业	26.17	144.95	862.25	3.39	19.85	80.44	49.07	270.74	1 566.37
畜牧业	17.78	228.38	65.23	18.42	54.48	11.56	17.13	403.25	113.57
渔业	0.26	8.25	3.89	0.53	0.13	8.22	0	16.42	0

表4－1(续)

收入来源	总体			山下			山上		
	2012年	2013年	2014年	2012年	2013年	2014年	2012年	2013年	2014年
非木材林产品	34.1	173.46	70.52	2.18	8.77	4.56	66.19	339.07	129.94
经营	5.6	24.61	37.58	6.71	16.49	79.32	4.49	32.78	0
退休金	512.37	1 050.79	2 093.47	656.06	1 400.18	2 473.59	367.87	699.48	1 751.13
总计	2 304.47	4 065.86	7 567.65	2 456.25	3 769.54	7 510.44	2 151.84	4 363.85	7 619.22

三省林场职工外出打工比例变化见表4－2。

表4－2　三省林场职工外出打工比例变化

年份	林场职工外出打工人数占总人数比例变化				林场外出打工人数占下岗职工比例变化			
	三省	黑龙江	吉林	内蒙古	三省	黑龙江	吉林	内蒙古
1985	1.67%	0.51%	4.72%	4.6%	200%	250%	0%	100%
1990	2.44%	0.91%	6.27%	7.64%	206.75%	134.44%	675%	100%
1995	3.78%	2.72%	6.35%	5.01%	239.07%	207.65%	369.21%	100%
2000	5.27%	3.68%	10.15%	6.77%	327.37%	145.07%	1 086.58%	100%
2005	7.21%	5.68%	12.08%	7.19%	216.92%	92.69%	692.02%	96%
2010	10.64%	11.84%	10.41%	4.74%	149.07%	122.36%	317.71%	87.79%
2014	9.08%	8.81%	11.56%	4.33%	210.99%	277.58%	99.8%	85.56%

国有林区贫困发生率变化见表4－3。

表 4－3　国有林区贫困发生率变化

年份	国家贫困线/元	山下	山上
2012	640	13.5%	14.1%
2013	768	14.9%	10.7%
2014	1 067	9.9%	8.5%

数据来源:国家贫困线来源于国家统计局各年的《中国统计年鉴》。

三省林业局平均下岗在册职工比例见表 4－4。

表 4－4　三省林业局平均下岗在册职工比例

年份	三省合计	黑龙江	吉林	内蒙古
1985	4.69%	5.31%	3.46%	0.95%
1990	2.73%	2.68%	2.77%	0.97%
1995	14.60%	17.14%	9.51%	16.26%
2000	32.56%	30.16%	35.49%	40.52%
2005	29.60%	31.54%	25.71%	30.55%
2010	24.12%	24.29%	23.81%	28.32%
2014	20.91%	19.99%	22.60%	11.26%

三省多种经营产值情况见表 4－5。

表 4－5　三省多种经营产值情况

年份	多种经营产值占社会总产值比例				农业产值占多种经营产值比例	养殖业产值占多种经营产值比例	从事多种经营人口占总人口比例
	总体	黑龙江	吉林	内蒙古			
1985	12.88%	15.48%	6.32%	1.23%	45.40%	17.83%	4.69%
1990	10.75%	12.34%	7.99%	0.79%	31.31%	31.56%	6.23%
1995	17.95%	23.18%	8.39%	18.19%	29.23%	19.47%	5.82%
2000	19.54%	24.99%	10.37%	14.23%	39.30%	19.81%	6.64%

表 4－5(续)

年份	多种经营产值占社会总产值比例				农业产值占多种经营产值比例	养殖业产值占多种经营产值比例	从事多种经营人口占总人口比例
	总体	黑龙江	吉林	内蒙古			
2005	35.99%	48.15%	13.90%	23.42%	25.56%	18.92%	10.45%
2010	36.39%	48.02%	19.93%	15.00%	25.82%	18.86%	17.01%
2014	36.59%	47.58%	15.22%	24.36%	29.77%	24.33%	20.00%

4.2.4 东北国有林区的界定范围已经不适应新形势的需要

目前,东北国有林区的界定是按照 1954 年原林业部颁布的《长白山林区森林经理施业案》和当时国民经济的总体要求设计的。国家开展天然林保护工程,也是根据这一施业案,确定了“天保”工程在黑龙江省、吉林省及内蒙古自治区的实施范围。实际情况是,与现有“天保”工程区森工企业同处于主要江河源头和主要江河一级支流两岸的县(市)林业局拥有天然林面积 590 余万公顷,涉及职工 13.5 万人。近几年东北国有林区发生的洪涝灾害证明,这部分生态区里极其重要的天然林都未能纳入“天保”范围,森林的生态负载大大超过了它所能承受的上限,生物多样性急剧减少,林下植被破坏殆尽,林下土壤深度侵蚀,水源涵养能力急剧降低,已经严重危及松花江、牡丹江、绥芬河的生态安全。

尽管东北国有林区目前出现了职工收入增长、收入结构多样化的趋势,但收入差距仍然存在,林区居民家庭的生计脆弱问题仍然相当严重。这些问题在林业企业基本正常运转的计划经济时期,尚能得到暂时解决。由于“天保”工程的实施,促进了林业加工企业大量改制以及林产业结构调整等改革实践,使对林业职工的社会保障制度缺位造成的国有林区居民家庭生计脆弱问题以及收入差距大等问题凸显出来,这在今后的东北国有林区经济和体制改革中将会更加严重。与此同时,东北国有林区的改革实践也为将来东北国有林区职工家庭生计脆弱性的降低提供了有利条件。因此,根据入户调研得到的东北国有林区居民家庭生计样本的情况看,在国有林区建立全方位的社会保障制度将是确保林区改革成功、降低居民家庭生计脆弱程度、走上可持续发展道路的关键所在,也是今后国家政策扶持瞄准的新重点。

4.3　东北国有林区居民家庭生计现状形成的主要外部原因

外部的不确定性因素包括疾病、战争与冲突、自然灾害、经济危机、世界粮食价格波动、机制体制的转变等。发展中的东北国有林区的主要特点是生产力发展水平落后,人均收入水平相对较低。因此,在遇到外部不确定性的冲击时,作为最基础的社会组织——职工家庭,很难进行有效的对抗和防范,在冲击之后也没有足够的能力采取有效的干预措施较快地恢复职工家庭的生产和生活。尤其对处于调整和转型中的经济发展相对缓慢的东北国有林区的职工家庭而言,这种冲击产生的不利影响就会更严重、更深远。对于东北国有林区来说,最典型的外部原因之一是吉林森工集团的改制。

吉林森工集团共改革、改制木材加工等辅助加工企业 279 家,涉及国有资产 11.5 亿元;剥离中、小学校 70 余所,移交给政府教育人员 9 374 人;移交医院 8 家;调整了辖区内的国有林场,将原来 247 个林场调减为 96 个,为保护资源、开展集约经营奠定了基础。

为使吉林省国有林区职工家庭的生计可持续、健康的发展,要继续实施“天保”工程。“天保”一期工程中国家投入 1 100 多亿元,取得初步成效。利用“天保”二期工程的政策和资金投入,彻底解决吉林省国有林区的职工家庭生计问题,降低职工家庭生计的脆弱风险,使林区实现森林资源永续利用。一是强化森林资源保护。把与现有“天保”工程林区森工企业地理位置相同的 15 个县(市)林业局的 190 万公顷天然林纳入保护范围,切实维护江河源头生态安全。二是剥离企业的社会职能。政企分开、企事分开,沟通协调好工程区所属县(市)政府部门,真正使企业轻装上阵。增加富余人员的就业岗位,改善职工家庭的生计资产状况,优化其资产组合,促进职工家庭生计能力的提升。三是将富余职工纳入社会保障体系。将 116 500 名富余职工纳入地方社会保障体系,与地方政府共同支付养老保险,解除职工的后顾之忧。努力促进林区经济发展,合理配置生产要素。发展特色产业,形成优势产品、大型林特产品集散地,推进产业开发、升级和经济转型。成立林区发展合作社,促进林区资本、人才和技术集聚,努力提高森林经营水平。除了重点公益林和其他自然保护区的核心区外,对其他森林资源采取“模仿自然规律、加速发育进程”的原则,兼顾林下经济活动,全林经营,最大限度地发挥林地生产力,调整产业结构。做精第一产业,通过提高产品质量和售价来做精;做强第二产业,形成品牌优势，做有影响力的大项目；做大第三产业，林区职工致富要靠第三产业发展。因此，要大力发展林区的第三产业，组建以森林经营为主的实体，参与森林经营活动和其他经济活动，接受森林资源管理机构的委托，双方以市场契约、市场交易方式从事以森林资源为依托的市场交易活动。加大对林区的投入，建议国家将林区职工生活和生产集中区的公共设施统筹发展规划，集中建设，提高公共服务水平。协调有关部门，全面落实各项补贴政策。从保护生态和减轻职工经济负担的角度，对国有林区棚户区职工家庭给予供暖、房屋修缮等补贴，尤其是对特殊困难职工家庭给予更多的生计能力方面的关注和扶持。

东北国有林区职工家庭生计脆弱性的现状与中国的社会经济发展对林业建设的需求变化密不可分。东北国有林区经营管理体制依国家政策已由传统模式向现代模式转变的标志之一是中国第一家大型国有控股森工企业——吉林森工集团的改制和运转。林地的“四权”——经营权、使用权、收益权和处置权，在国有林区森工企业体制机制改革的过程中发生了重大变化。十几年一直徘徊不前的国有林业企业改革终于取得了突破性成效，国有林场相应地进行了本质性的变革，目前4 666个国有林场已实行分类改革。国有林区劳动就业曾采取计划生产、用工的方式，受国家建设急需木材的影响，林业发展过度追求产量，并以森林工业为主，劳动效率低下。国家改革开放后，林业生产进入了集约时期，劳动力出现富余，就业不充分，国有林区职工家庭生计脆弱程度逐渐升高，各种问题逐渐暴露出来。以就业为目的，各企业办了许多小型加工厂，一些加工厂规模小、技术含量低、产品质量差、没有市场竞争力，开工不久就都垮掉了，同时为解决青年劳动力就业问题，在国有林区新办了一批集体企业。这个阶段主要是依靠产业扩张、兴办小型企业来实现就业。进入20世纪80年代，市场经济体制、林业的增长方式和要素配置方式发生了根本变化，企业逐步转变为以市场手段配置为主。由于传统林业企业规模小、经营分散、水平低下、受资源和市场的双重约束，一些企业开始处于停产、半停产状态，有的甚至倒闭、破产，大量职工开始下岗。20世纪末至今，国家赋予林区新的重大使命，特别是2000年“天保”工程启动后，国有林区的就业形势随即出现了重大变化。在工程实施初期由于木材限产，森工企业出现了经济效益急剧下滑、林产工业萎缩、采运生产机器设备闲置、富余人员急剧增加等情况，就业矛盾突显。国有林区积极探索改革发展之路，逐步形成了以管护、养护、抚育为主的多种生产经营方式，并初步实现新的就业格局。

通过对东北国有林区职工家庭的五项资本的单项分析和生计现状的分析可知，职工家庭的收入中，工资收入仍然占绝对比重，且工资相对较低，在可支配消费中，衣、食、住、行等生活基本消费支出占总消费比重最大，恩格尔系数相对偏高。在就业方面，年龄、文化对就业影响最大，且就业压力和社会保障压力都很大。在医疗方面,医疗条件相对较差,山上林场距医院远,重大疾病不能及时就医。生活环境和条件也有待于改善。综合以上分析,东北国有林区的职工家庭生计虽然比"天保"工程实施前有所改善,但仍存在相对贫困状况,人力资产和自然资产仍是东北国有林区经济发展和民生建设的主要因素,对国有林区职工家庭生计组合和其生活质量起到关键作用。

以上对东北国有林区职工家庭生计脆弱状况的描述和分析,足以说明以林业、林区、林工为主要内容的"三林"问题,严重制约着东北国有林区经济的顺利转型和发展,同时也大大增加了东北国有林区职工家庭生计脆弱性的风险和趋势,国家应出台有关政策,尽快解决"三林"问题。树立和落实科学发展观,正确对待和认真解决"三林"问题,国家既要从战略上、宏观上研究解决全国林业问题的办法和措施,也要根据东北国有林区各地的差异和特点,采取不同的方法。国家在推进工业化的过程中不能牺牲"三林"利益,而应反哺林业。参照一些发达国家的林业政策,国家应从大兴安岭林区的生态功能受益地区采取转移支付的办法,加大对"三林"的财政投资力度,以缓解林区财政和企业的困难。国家应组织专门力量,有针对性地对大兴安岭林业体制改革问题进行调研,这方面要触及产权改革的重点,指引非国有资本,特别是民营经济参与到林业企业的改革中去。"三林"问题的重点是林区人口过多和劳动力过剩的问题,建议国家会同林区所在地政府研究不同于"农业移民"的林业产业工人移民政策。在补贴政策方面,建议参照国家给予农民"耕地补贴"的办法,对每年取暖期长达9个月的大兴安岭林区生活在贫困线下的低保户给予必要的取暖、建房或生活补贴。

总之,东北国有林区的"三林"问题、职工家庭生计脆弱问题由来已久,历史和现实的原因十分复杂,区域内各林业局的情况、林区企业情况和职工家庭生计状况相对比较差。因此,国家解决"全面禁伐"和"天保"二期及林业经济转型时期的"三林"问题时,要重点关注林区职工家庭生计脆弱性问题,并且要尽早解决。

4.4 本章小结

本章是全书研究主体的第二部分,以内部、外部两方面因素来划分,从国家、政府、社区和职工家庭四个层次来逐步展开研究,分析东北国有林区职工家庭生计脆弱问题产生的历史原因和现实原因。为找出因变量和自变量,建立有针对性的经济管理研究数学模型提供有理有据的模型变量和相关成分因素。

第5章　东北国有林区职工家庭生计脆弱性模型及实证

5.1　生计脆弱性测度方法设计

5.1.1　构建模型的基本原则

1. 科学性、针对性

设置的指标要科学具体、关联性强，突出针对性和专用性，且以相对量指标为主，增强脆弱性分析视角下同年度林业产业系统运行效率的可比性。

2. 可操作性、精练性

设计的指标要客观可行，要依据现有统计数据的可获性和统计口径有针对性地设置。选取的评价指标必须保持高度的相对独立性且以能够描述问题为目的，避免不同的指标蕴含相同的分析信息，继而造成指标体系过于臃肿，突出精练性。

3. 经济视角下的社会保障性

林业产业系统承担了产业职工的基本生活消费和医疗教育费用的支出，制约着产业职工的消费水平、生活质量、福利和卫生保健等社会保障能力。职工人均可支配收入、购买力系数、人均年度教育成本、职工人均社会保障、福利和卫生保健费用成本、职工收入的恩格尔系数等指标考核了林业产业系统职工生活保障层面的脆弱性和承载力。

4. 动态性

林业的区域政府扶救政策具有滞后性，因此选择的指标应该具有前瞻性。仅仅基于当下的东北国有林区职工家庭生计脆弱性状况而制定的干预瞄准政策可能对于那些正处于生计脆弱中的职工家庭或个人是无效的，但如果能够获得关于职工家庭或个人的生计脆弱性信息,那么现在的和未来的生计脆弱状况都可以被纳入扶救干预政策的瞄准目标中去,这正如我们普遍认同的“预防重于治疗”。而要“预防”国有林区职工家庭的生计脆弱性,就要求首先要尽可能准确地测度林区职工家庭的生计脆弱性。

各项分析中存在的这些问题都是未来关于生计脆弱性研究的重要方向。解决这些问题,将更有利于政策制定者获得准确的现实依据和事实依托,以便进一步得出准确的预测结果,制定针对性和操作性更强的扶贫政策。

脆弱性作为一种前瞻性的测度设计,旨在预测职工家庭生计脆弱性高低以及维持职工家庭生计的五项资本的不同组合给职工家庭生计脆弱性带来的影响程度。通过测度分析得到的职工家庭生计脆弱对照表、脆弱性直方图、脆弱性发生率曲线都得出林区职工家庭生计脆弱性高于城镇职工家庭生计脆弱性的结论。这种脆弱性结果与状况的高度相关性,证实了国有林区职工家庭生计脆弱性确实能够较为准确地在事前预测生计脆弱性及民生质量的趋势,对于刚刚起步的民生脆弱性研究,尤其是中国经济转型时期的东北国有林区职工家庭的生计脆弱性研究是一个很有益的突破和积累。

要在不同层次构建不同的生计脆弱性模型,多维化测度林区职工家庭生计脆弱性。在东北国有林区职工家庭生计脆弱性影响因素的筛选和评价过程中,都是在城镇居民家庭生计脆弱性和东北国有林区职工家庭生计脆弱性之间分别构建模型,因此相关的结论也是适合于城镇居民家庭和东北国有林区职工家庭总体的。考虑到东北国有林区各省份之间的异质性,在构建各省份国有林区的生计脆弱性模型时应该使模型概括力更强,更有现实指导意义。各省模型应该更生动、具体,在样本数据充分的前提下,更能体现出模型的价值。反之,如果样本数据量太小,可能会代表性不足,得出的结论会不可避免地具有偶然性的特征和影响。

与大多数脆弱性研究一样,本书研究的东北国有林区职工家庭生计脆弱性形成、测度及因素分析只选择了货币性收入这一个维度,但是当前生计脆弱的测度应该越来越多元化,没有必要将脆弱性的分析研究限制在某个维度上。从经济意义上定义的脆弱性,不是生计脆弱性的唯一形式,对于收入不存在生计脆弱的家庭,可能对其他负面结果(如营养不良、教育机会不足、社会不安定等)表现出脆弱。例如,在一个经济快速增长,但公共服务系统却可能面临瘫痪的经济体中,因收入产生的生计脆弱性会有所降低,但是在收入向教育转化的过程中存在巨大风险,所以对教育机会不足的脆弱性却提高了,两种脆弱性不但不相等,连方向都是相反的。当前已有很多学者开始对多维脆弱性进行探讨,如用前一次的学龄入学率、后一次同一批孩子的入学率为标准来识别教育脆弱家庭。由于样本数据的局限性,对其他维度脆弱性的测度及因素分析存在很大困难,涉及选择合适的替代变量,以便最大限度地接近研究对象的各要素。确定测度和评估标准、测度方法等一系列问题需要解决,对于国有林区职工家庭生计脆弱性的研究确实还有很长的路要走,正因如此,对于生计脆弱性的研究空间和学术突破也更多、更大。

样本数据的积累对于东北国有林区职工家庭生计脆弱性的研究十分重要。正如前面各项研究所涉及的那样,东北国有林区职工家庭生计脆弱性的研究中某些真正极具价值的研究课题的确无法实施,主要源于原始、有效数据的不充分。首先,数据的长度不足。测度分析生计脆弱性最理想的数据应是足够多年份的面板数据。但一方面,由于面板数据往往很难获得,截面数据相对更容易取得,因此,虽然基于面板数据的测度明显优于基于截面数据的测度分析,但积极探索基于截面数据的测度方法仍然有极强的现实性和应用性。另一方面,有些时候即使能够获得科学、有效的面板数据,但样本持续期大多很短,而且还存在样本容量小、样本死亡情况。

脆弱性是指由个体、组织、系统的内部结构和特征决定的,由于其对内外风险冲击的敏感性高、抵抗能力差和弹性小,而容易在内外风险冲击中失去其系统原有结构、状态、存在形式及其功能的一种属性或不稳定状态。这种属性是影响系统脆弱性、使其属性显性化的直接原因,也是最根本的原因,但不是决定因素。脆弱性不是一个显性的特征,而是隐显于其载体之内,其显性化是保障、风险与暴露的函数。脆弱性是一个相对概念,敏感性高、抵抗能力和恢复能力差,是脆弱性事物的显著表征。脆弱性是一个动态的概念,正是脆弱性的动态性和前瞻性,才使脆弱性研究具有理论意义和实践价值。其动态性表现在系统脆弱性程度会随着系统内部结构和特征的改变而改变,可以通过其自身或人为因素改变其内部结构和其对外界风险的暴露形式,而改变其脆弱性程度和增加其抵抗风险的能力,最终使脆弱性对象表现出较低脆弱性的特征,增加系统的稳定性。一个系统在此时刻脆弱性较低,但在彼时刻,由于其内部结构的变化,脆弱性可能更高。营养脆弱性作为一种生存状态,具有静态特征,而作为一种社会经济或者文化现象的存在,具有动态特征。营养脆弱是贫困的一种特殊形式。

脆弱性是一个多维度的概念。Lydia Feito 认为,脆弱性至少有两个维度,即人类学维度和社会学维度,脆弱性分析维度是构建脆弱性分析框架的基本要素。

(1)它表明该系统存在内在的不稳定性,脆弱性不具备不确定性,它是系统本身所含有的。

(2)该系统对外界的干扰和变化比较敏感。

(3)在外来干扰和外部环境变化的胁迫下,该系统易遭受某种程度的损失或损害,并且难以复原。脆弱性是危害产生的根本原因。因此,如果不对脆弱性加以控制和进行优化,那么脆弱性的结果就是危机的出现。

针对每个地区的人均收入建模，通过预测收入进而预测每个地区的脆弱性程度。以人均收入的自然对数为因变量，由于研究的特殊性，地区数量较多，影响收入的因素不尽相同，因此，采用前述的五项生计资本中的全部指标作为自变量，同时由于林区的特殊性，再加入家庭林业局工作人数这一变量，将可能影响林区收入的因素全部考虑进去，但由于地区的差异性存在，所选取的自变量对各地区的收入影响程度不同。因此，针对这种情况，在建模时选取了多元线性回归建模，采用了其中的逐步回归法。该方法可以将每个地区里对收入影响很小或几乎为零的自变量剔除，更好地拟合数据，体现出差异。因此，在模型建立时，分别针对每个地区利用 SPSS 软件建立多元线性回归模型，根据现有数据拟合出每个地区的收入方程，进而预测未来的收入。

5.1.2　生计脆弱性测度的基本思路

对职工家庭生计脆弱性的测度主要基于其生计五项资本结构改变的角度。以 FGT 的脆弱性衡量方法为依据，对 Christiaensen 和 Rajadel 的贫困脆弱性测度方法进行了适当改进，给定职工家庭在 t 时期时的生计脆弱性可以表示为

$$V_{\alpha t} = \int_0^z (z - c_{t+1})^{\alpha} f_t(c_{t+1}) \mathrm{d}c_{t+1} \tag{5-1}$$

式中　c_{t+1}——家庭未来的每标准人日的家庭生计资本总量；

z——贫困线；

f_t——家庭成员未来生计资本消耗总量的概率分布函数。

当 $\alpha=0$ 时，V_{0t} 就是 t 时期的家庭未来的成员以收入来表示的消耗生计资本的总量将会降低至贫困线之下的概率。其概率超过限度 τ 时，判定是脆弱的。当 $\alpha=1$ 时，V_{1t} 就是测度职工家庭生计水平和贫困线之间的差距。

2014 年以来，国家林业局、财政部启动对东北国有林区限伐和全面停伐的新政，该区域的林业职工家庭的收入及整体生计状况也相应受到影响和改变，由新政对职工家庭生计资本及生计能力的作用机理可知，影响职工家庭生计资本结构的因素也是影响其生计能力、生计策略选择及生计输出结果改变的重要因素。由此，职工家庭生计变化状况可以表示为

$$V_{it} = \int_0^{\ln z} f(\ln Y_{i,t+1}) \mathrm{d}\ln Y_{i,t+1} \tag{5-2}$$

此模型可以分析东北国有林区经济转型时期职工家庭生计资本的结构改变及因此引起的生计脆弱程度、生计策略和生计结果的变化，由此判断区域内职工家庭生计脆弱与否及脆弱程度、影响职工家庭生计脆弱性的主要因素及其影响程度，为

国家和林业相关部门制定政策瞄准和实施有针对性的有效救助措施提供有参考价值的建议和对策。

5.2 职工家庭生计脆弱性测度模型

不同群体的生计脆弱性根源不同,应根据脆弱性分解的结果,有针对性地设计减脆政策。国有林区职工家庭的减脆措施应以提高收入水平为主,如增加教育投入、组织培训、减免税费、转移支付等方式。只有收入水平提高了,国有林区职工家庭才能降低脆弱性,才能提高抵御风险的能力。国有林区职工家庭减脆设计比城镇的减脆设计要相对复杂一些,对于最脆弱的家庭仍应以提高收入为主要目标,对于其他的脆弱家庭则应更多地采用保险等方式保证其收入的稳定性。其中,教育通过影响收入水平的方式影响脆弱性,相对于其他的减脆措施,更根本也更具有可持续性。但是也要注意到,林区教育收益率低于城镇,人们需要达到大学教育程度才能从根本上改变命运。提高林区中等职业教育质量,提高升学率,力保考上大学的林区学生不会上不起学等措施都将对脆弱家庭产生长远的影响。

依据以上的研究,在针对东北国有林区制定前瞻性政策时,要瞄准民生脆弱风险高的林区职工家庭,采取定向生计干预政策。研究结果显示,在不确定的内外在因素影响背景下,具有收入低、家庭规模大、耕地较少、收入结构单一、家庭成员受教育程度低等特征的林区职工主要分布在内蒙古自治区的少数民族家庭。要针对不同类型的居民、不同地区的居民,制定差异化的干预政策。例如,针对收入低、耕地少的纯林户,政府应积极鼓励和引导家庭种菜、发展小规模养殖、建设家庭鱼塘、开展林下养殖、种植等多种生产经营方式。这为建设者制定脆弱性群体的福利政策、预防未来福利缺失的政策提供理论支撑和现实依据。因此,构建东北国有林区职工家庭生计脆弱性测度模型非常重要。

以内蒙古乌尔旗汉林业局为例,建模过程如下:

选取因变量为人均收入对数,自变量为五项资本中的各项指标以及林业局职工人数指标,利用逐步回归法排除不相关变量,结果见表5-1至表5-3、图5-1和图5-2。

表5-1　模型汇总[f]

模型	R	R^2	调整 R^2	标准估计的误差	Durbin - Watson
1	0.628[a]	0.395	0.381	0.352 461 429 018 943	
2	0.755[b]	0.569	0.549	0.300 762 719 492 806	
3	0.864[c]	0.746	0.728	0.233 578 731 921 982	
4	0.881[d]	0.777	0.755	0.221 702 105 724 893	
5	0.895[e]	0.801	0.776	0.212 083 942 116 583	1.895

注:a. 预测变量:(常量),F_2。

b. 预测变量:(常量),F_2,N_2。

c. 预测变量:(常量),F_2,N_2,L_1。

d. 预测变量:(常量),F_2,N_2,L_1,H_3。

e. 预测变量:(常量),F_2,N_2,L_1,H_3,S_1。

f. 因变量:人均收入对数。

R^2 为判定系数,用于验证线性模型拟合优度,R^2 为1时,表示所有观察点完全落在回归线上;R^2 为0时,表示自变量与因变量之间无线性相关。

误差的独立性:采用“Durbin - Watson”统计量 D 来检验误差的独立性。D 越接近2,残差与自变量独立性越高,一般 D 在1.5~2.5之间可以接受。

显著性 Sig<0.05 则证明拟合优度足够好。

表5-2　系数[a]

模型		非标准化系数		标准系数	t	Sig
		B	标准误差	试用版		
1	(常量)	9.139	0.053		172.872	0.000
	F_2	3.680	0.687	0.628	5.358	0.000
2	(常量)	9.098	0.046		197.091	0.000
	F_2	3.777	0.587	0.645	6.440	0.000
	N_2	1.363	0.326	0.418	4.175	0.000
3	(常量)	8.636	0.093		93.289	0.000
	F_2	3.041	0.475	0.519	6.397	0.000
	N_2	1.478	0.254	0.453	5.809	0.000
	L_1	1.541	0.285	0.441	5.412	0.000

表 5－2(续)

模型		非标准化系数		标准系数	t	Sig
		B	标准误差	试用版		
4	(常量)	8.471	0.112		75.451	0.000
	F_2	2.952	0.453	0.504	6.518	0.000
	N_2	1.597	0.247	0.490	6.475	0.000
	L_1	1.381	0.279	0.395	4.956	0.000
	H_3	0.504	0.213	0.187	2.371	0.023
5	(常量)	8.455	0.108		78.565	0.000
	F_2	2.668	0.452	0.456	5.902	0.000
	N_2	1.641	0.237	0.504	6.931	0.000
	L_1	1.335	0.267	0.382	4.994	0.000
	H_3	0.457	0.205	0.170	2.232	0.031
	S_1	0.422	0.193	0.167	2.192	0.034

注:a. 因变量:人均收入对数。

收入预测值 $=8.455+F_2\times2.668+N_2\times1.641+L_1\times1.335+H_3\times0.457+S_1\times0.422$

Sig <0.05 说明自变量系数拒绝为 0 假设。

表 5－3　残差统计量[a]

	极小值	极大值	均值	标准偏差	N
预测值	8.673 397 064 208 99	10.952 414 512 634 28	9.191 070 556 582 68	0.400 906 688 194 319	46
残差	-0.400 150 805 711 746	0.409 314 215 183 258	0.000 000 000 000 001	0.199 954 658 201 882	46
标准预测值	-1.291	4.393	0.000	1.000	46
标准残差	-1.887	1.930	0.000	0.943	46

注:a. 因变量:人均收入对数。

$$V_{it} = \int_{-\infty}^{z} f_t(Y_{i,t+1})\mathrm{d}(Y_{i,t+1}) \tag{5-3}$$

其中，下标 i 和 t 分别表示家庭和时间点；Y 代表家庭的福利水平（消费或收入）；z 则代表贫困线；$f(Y_{i,t+1})$ 表示家庭未来福利的概率密度分布函数。显然，这里的 V_{it} 就表示家庭在 $t+1$ 时的福利水平低于事前确定的贫困线 z 的概率。利用变形后的式子来计算：

$$V_{it} = \int_{0}^{\ln z} f(\ln Y_{i,t+1})\mathrm{d}\ln Y_{i,t+1}$$

其中，$\ln z$ 是贫困线的对数。

上式表明，东北国有林区职工家庭在 t 时的生计状况，据此来预测职工家庭在自然、社会、政治、历史、制度等不确定背景下，在 $t+1$ 时的生计状况，即会出现家庭生计脆弱状况的概率。

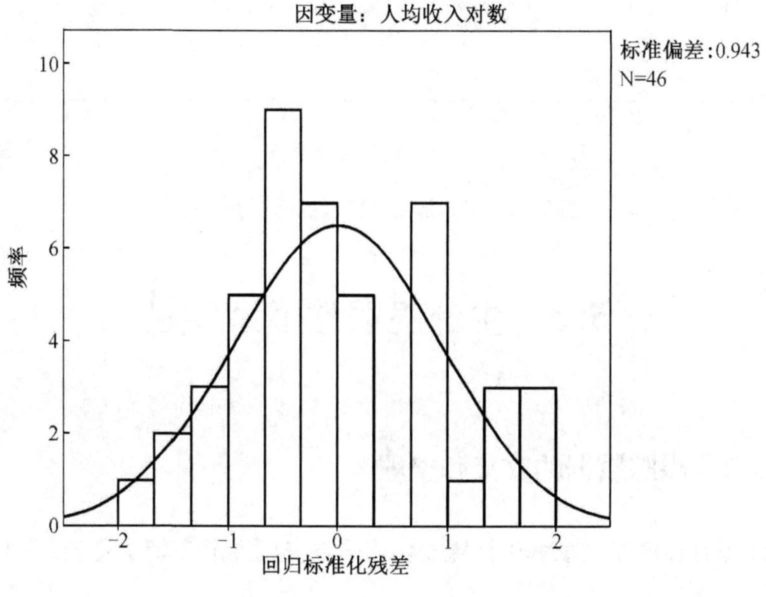

图 5－1　直方图

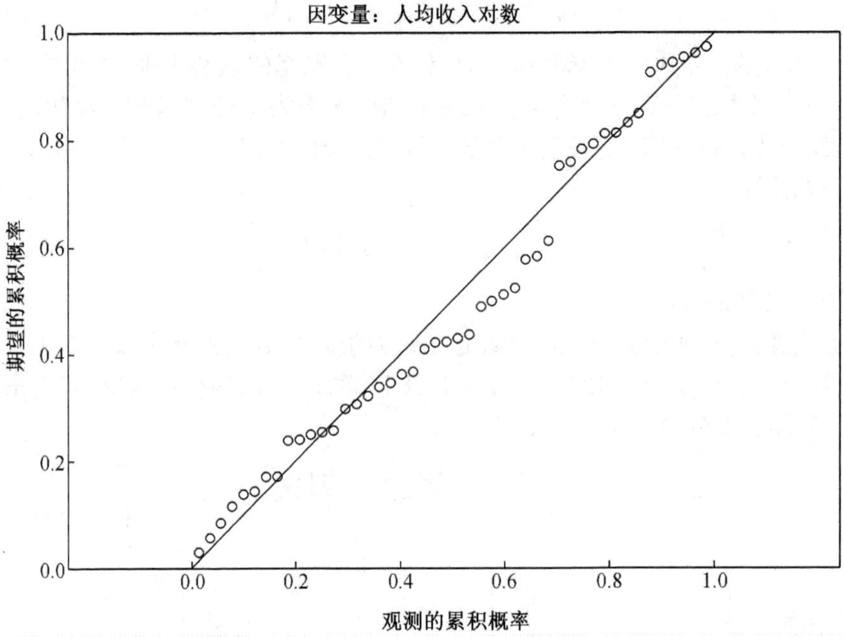

图 5－2　回归标准化残差的标准 p－p 图

5.3　生计脆弱性模型实证

5.3.1　跟踪数据的收集和整理

东北国有林区职工家庭生计脆弱性入户调查问卷分布情况见表 5－4。

表 5－4　东北国有林区职工家庭生计脆弱性入户调查问卷分布表

所属单位	地区	户数/户
黑龙江森工系统	牡丹江	61
	绥棱	60
	清河	61
	友好	62

表 5-4(续)

所属单位	地区	户数/户
	乌马河	58
	塔河	51
	十八站	60
内蒙古大兴安岭林管局	乌尔旗汉	59
	伊图里河	60
	克一河	60
吉林森工系统	湾沟	60
	泉阳	59
	三岔子	59

样本情况:采取随机调查的方式分发调查问卷,选取了三个林管局下属的 13 个林业局。其中,牡丹江、绥棱、清河、友好、乌马河、塔河、十八站林业局隶属黑龙江省;乌尔旗汉、伊图里河、克一河林业局隶属内蒙古自治区;湾沟、泉阳、三岔子林业局隶属吉林省。调查采取以家庭为单位的调查方式,共调查了 770 户。所发放的问卷全部收回,有效问卷 768 户,有效率达 99.74%。其中,牡丹江 61 户、绥棱 60 户、清河 61 户、友好 62 户、乌马河 58 户、塔河 51、十八站 60 户、乌尔旗汉 59 户、伊图里河 60 户、克一河 60 户、湾沟 60 户、泉阳 59 户、三岔子 59 户。

对五项生计资本影响因素的详细定义:

1. 人力资本(Human capital)

代表着知识、技能、能力和健康状况,它们能够使人们去追求不同的生计手段并实现相应的生计目标。在家庭层面上,这种人力资本水平取决于家庭劳动力的人数、家庭规模、技能水平以及健康状况等因素。人力资本的内在价值在于它能更好地利用其他 4 种生计资本,从而取得积极的生计结果,因此,它是最为基础的生计资本。

(1)家庭整体劳动能力赋值(表 5-5)

劳动能力标准化:家庭每位成员劳动能力赋值后求和,标准化为每个家庭的劳动能力赋值除以最大值。

表 5－5　家庭整体劳动能力赋值

家庭成员类别	解释	赋值
0～10 岁	不能劳动	0
10～16 岁并且健康状况良好	简单劳动	0.3
16～22 岁并且健康状况良好	成人的助手	0.6
22～55 岁并且健康状况良好	从事全部劳动	1
55～65 岁	从事部分劳动	0.5
65 岁以上以及长期患病、身体残疾	不能劳动	0

(2)家庭成年男性劳动力人数

得到每个家庭所有男性成年劳动力人数之后，此处年龄区间为 16～60 岁。标准化时用每个家庭人数除以最大人数。

(3)成年劳动力教育程度(表 5－6)

表 5－6　成年劳动力教育程度

类别	赋值
1. 文盲及半文盲	0
2. 小学	0.25
3. 初中	0.5
4. 高中及中专	0.75
5. 大专及以上	1.00

该处成年劳动力指年龄为 16～60 岁(不包括 16 岁和 60 岁)。

成年劳动力教育程度标准化：将家庭中成年劳动力的教育程度赋值后求和，再用每个家庭的成年劳动力教育程度除以最大值。

最后加权计算：

人力资本指标＝家庭整体劳动能力×0.5＋男性成年劳动力人数指标×0.25＋成年劳动力受教育程度×0.25

2. 物质资本(Physical capital)

它包括用以维持生计的基本生产资料和基础设施，其意义在于提高贫困人口的生产力。生产资料是指人们为了提高生产效率所使用的设施，往往通过租赁或有偿服务市场被个人或集体所拥有。基础设施一般指无偿使用的公共物品,用于维持生计和提高生产力。

(1)住房指标赋值(表5-7)

$$住房指标值 = 住房年限赋值 \times \frac{住房人均面积赋值 + 住房结构赋值}{2}$$

表5-7　住房指标赋值

		赋值
人均住房面积	50平方米以上	5
	40~50平方米	4
	30~40平方米	3
	20~30平方米	2
	20平方米以下	1
住房结构	混凝土楼房	5
	混凝土平房	4
	砖房	3
	土房	2
	草房	1
住房年限(截至2013年)	5年以内	1
	5~10年	0.8
	10~20年	0.6
	20~30年	0.4
	30~40年	0.2
	40年以上	0

(2)家庭固定资产指标值

家庭拥有的10种资产的总个数除以10表示每个家庭的指标值。根据问卷问题选择10种固定资产(拖拉机、三轮车、汽车、摩托车、电视机、空调、洗衣机、电冰箱、电脑、手机)。

最后加权计算:

$$物质资本 = 住房指标值 \times 0.6 + 固定资产指标 \times 0.4$$

3. 自然资本(Natural capital)

描述自然资源存量的术语,泛指生计的资源流及相关的服务。这种自然资本又可分为无形的公共资本(大气、生物多样性)和有形可分的直接用于生产的资本(土地、树木等)以及生态服务。这种自然资本与脆弱性背景联系最为密切。居民家庭的生计对自然资源的依赖性普遍很强,一个地方自然资源基础的贫富决定了人们面临的风险和不确定性。很多毁坏穷人生计的冲击本身就是削减自然资本的过程(火灾毁坏森林、洪水和地震破坏土壤),同时季节性多源于长期自然资本生产力或价值的一种改变。

人均拥有土地面积:求出家庭人均的土地面积,再标准化。

(1)土地质量

土地质量赋值见表5-8,赋值后进行标准化处理。

表5-8　土地质量赋值

土地质量	赋值
质量很好	3
质量中等	2
质量差	1
无土地	0

(2)是否有养殖业

这是本研究的创新点之一。随着东北国有林区经济转型和国家“天保”工程的实施,东北国有林区不再是纯粹的国家最大的林木生产和加工基地,国家和当地政府及林业部门会引导开发区域内的林业职工及其家庭从事护林、抚育、林下经济经营等多种林区经济发展项目,并予以有针对性的技术指导、销售平台搭建、改变林产业职工及其家庭成员的生存观念等各种政府扶持政策和措施,通过软实力来降低东北国有林区居民家庭生计脆弱风险,提高国有林区居民家庭生计能力和生活品质。家庭有养殖业的赋值为1,没有的赋值为0。

(3)是否有林下采集业

家庭有林下采集业的赋值为1,没有的赋值为0。

最后加权计算:

自然资本 = 土地面积 ×0.5 + 土地质量 ×0.3 + 养殖业 ×0.1 + 采集业 ×0.1

4. 金融资本(Financial capital)

金融资本即消费和生产过程中人们为了取得生计目标所需要的积累和流动。这里主要指金钱,但往往其他的实物也能起到金钱的积累和交换作用。可以看出,这里的定义不仅仅是指经济学上的范畴,原因在于它包括流量和存量两个部分,并有助于生产和消费。这种资本一般来源于两类:一类是现有的存量(如储蓄),另一类是定期的资金流入(如抚恤金)。这里面不包括收入,因为收入为被解释变量。

最后加权计算:

金融资本 = 总支出 ×0.3 + 存款 ×0.3 + 贷款 ×0.2 + 其他债务 ×0.2

生计五项资产指标定义见表 5 -9。

表 5 -9　生计五项资产指标定义

资产类型	测量指标	权重	指标公式
人力资本	家庭劳动能力(H_1)	0.5	$H_1 \times 0.5 + H_2 \times 0.25 + H_3 \times 0.25$
	成年男性劳动力(H_2)	0.25	
	成年劳动力受教育程度(H_3)	0.25	
自然资本	人均土地面积(N_1)	0.5	$N_1 \times 0.5 + N_2 \times 0.3 + N_3 \times 0.1 + N_4 \times 0.1$
	土地质量(N_2)	0.3	
	养殖业(N_3)	0.1	
	林下采集业(N_4)	0.1	
金融资本	总支出(F_1)	0.3	$F_1 \times 0.3 + F_2 \times 0.3 + F_3 \times 0.2 + F_4 \times 0.2$
	存款(F_2)	0.3	
	贷款(F_3)	0.2	
	其他债务(F_4)	0.2	
社会资本	亲戚资源(S_1)	0.2	$S_1 \times 0.2 + S_2 \times 0.2 + S_3 \times 0.25 + S_4 \times 0.25 + S_5 \times 0.1$
	参加医疗保险(S_4)	0.25	
	获得技术帮助次数(S_5)	0.1	
物质资本	住房情况(P_1)	0.1	$P_1 \times 0.6 + P_2 \times 0.4$
	家庭固定资产(P_2)	0.4	

5. 社会资本(Social capital)

在可持续生计背景之下,社会资本意味着人们在追求生计目标的过程中所利用的社会资源。它包括相互联系的三个部分:社会关系网、社会组织(如宗教组织、亲朋好友和家族等)、垂直的(与上级或者领导的关系)和水平的(与具有共同利益的人)社会联系。社会资本的作用是增强人们的相互信任和相互之间的合作能力,并使其他机构对他们的需求给予更及时的反应。在五种生计资本当中,社会资本与外部变革中的组织机构和程序规则最为密切,可以简单地把它看成是这些组织机构和程序规则外部环境的产物,反之亦然。所以二者的关系是双向的,可以相互加强。如果人们已经通过公共准则和约束力联系了起来,他们就更容易形成新的组织来寻求自己的利益。又如一个很强的民间团体能够帮助人们形成维护他们利益的政策,并通过立法得以承认。

2013 年职工家庭生计资本数据处理结果见表 5-10。

2013 年职工家庭收入情况见表 5-11。

表 5-10　2013 年职工家庭生计资本数据处理结果

地区	人力资本	自然资本	金融资本	社会资本	物质资本	总计
牡丹江	0.396 3	0.085 6	0.630 1	0.532 2	0.489 2	2.133 4
绥棱	0.332 1	0.084 2	0.499 1	0.459 8	0.515 6	1.890 8
清河	0.464 6	0.092 4	0.589 1	0.479 4	0.482 4	2.107 9
友好	0.400 2	0.064	0.613 4	0.500 2	0.421 1	1.998 9
乌马河	0.424 3	0.043 3	0.630 6	0.521 6	0.545 8	2.165 6
塔河	0.412	0	0.651 1	0.529	0.399 8	1.991 9
十八站	0.445 3	0.023	0.6	0.617 5	0.518 5	2.204 3
乌尔旗汉	0.374 9	0.028 5	0.603 3	0.524 9	0.354 1	1.885 7
伊图里河	0.442 8	0.033	0.569 2	0.547 9	0.391 5	1.984 4
克一河	0.433 2	0.013 5	0.616 4	0.506 8	0.313 4	1.883 3
湾沟	0.455 5	0.025 7	0.652	0.535 8	0.545 8	2.214 8
泉阳	0.475	0.086	0.612 1	0.563 1	0.572 4	2.308 6
三岔子	0.388 7	0.006 9	0.638 4	0.516 8	0.490 5	2.041 3

表 5－11　2013 年职工家庭收入

单位:元

地区	林业局收入	打工	种地	林下经营	兼业副业	退休金	政府补贴	其他	总收入
牡丹江	24 069.08	3 396.72	1 214.52	11 953.85	655.74	7 329.70	47.54	167.35	48 834.50
绥棱	9 542.97	7 536.67	8 725.83	333.33	3 281.67	11 593.07	1 162.67	726.67	42 902.88
清河	17 056.56	3 755.74	2 885.25	8 443.70	16 262.30	1 749.18	550.16	0.00	50 702.89
友好	17 315.16	7 829.35	3 550.81	1 080.65	925.81	2 998.06	654.29	83.87	34 438.00
乌马河	32 146.21	3 531.03	784.48	1 905.17	1 088.36	3 482.07	188.62	0.00	43 125.94
塔河	31 452.65	2 142.86	0.00	0.00	2 248.98	1 251.43	307.35	0.00	37 403.27
十八站	34 988.33	4 860.00	0.00	181.67	1 603.67	2 403.33	557.50	262.00	44 856.50
乌尔旗汉	20 872.54	4 089.83	0.00	1 162.71	1 610.17	2 003.39	1 307.05	0.00	31 045.69
伊图里河	21 387.07	4 930.00	0.00	660.00	6.67	1 386.67	53.33	0.00	28 423.74
克一河	22 484.48	3 936.67	0.00	975.33	16.67	3 902.00	171.00	0.00	31 486.15
湾沟	41 808.30	10 607.88	0.00	1 000.00	1 431.00	6 124.33	1 436.50	91.67	62 499.68
泉阳	21 340.34	9 884.75	525.42	3 757.29	2 042.37	2 884.75	819.40	0.00	41 254.32
三岔子	25 417.29	11 742.37	0.00	218.64	5 617.34	10 207.41	1 610.00	169.49	54 982.54

5.3.2　基于完整数据的推断型和描述型测度

2014 年中国的人类发展指数是 0.719,继续保持着 1980 年(1980 年中国的人类发展指数只有 0.407)以来的强势发展势头,较 2013 年增长了 0.004。一直以来,中国实践着为国民提供高质量生活的承诺,为提高民族抗逆力做出了杰出的贡献。《2014 年人类发展报告》对影响中国城乡居民消费中的收入分配、不确定性与预防性储蓄、家庭生命周期、社会保障制度以及流动性约束问题进行了分析,得出社会资本、更大的家庭规模和更高的劳动力占比有利于降低家庭脆弱性的结论。

从各地区收入构成可以看出,林区职工家庭的共同点是,每个地区的林业局工资收入都是各项收入中最主要的部分,林下经营的收入都相对较低,可以看出,当地较多林业职工并没有很好地利用天然的林下资源来发展采集业、种植业和养殖业。相比之下打工的收入都多于林下经营的收入,而根据调查,外出打工的都是家里的成年男性劳动力,他们付出了人力和时间,但收入都在 1 万元以下。塔河、十八站、乌尔旗汉、伊图里河、克一河、湾沟、三岔子 7 个地区所调查的家庭种地收入为零,原因是这里属寒温带,每年的无霜期最长不到九十天,适合东北种植的作物大多无法成熟,职工家庭只在自家庭院中简单种些应季小菜,而没有大规模的农业种植。从生计资本中的自然资本指标值也可看出,他们的自然资本很低,也就是说,他们用来维持生计的生产和生活资料十分匮乏。结合之后的入户调查和抽样走访可知,克一河、塔河、乌尔旗汉三地的林业职工家庭生计脆弱程度很高,脆弱性均大于50%。而吉林湾沟林业局的工资收入为所有地区最高,其生计资本也相对较高,职工家庭生计脆弱性相对较低,这与吉林森工的股份制改革给林业职工带来的工资收入的增加密切相关。

从各省份来看,吉林省的三个林业局职工家庭的生计资本在所调查的所有地区中处于较高水平,隶属内蒙古自治区的三个林业局职工家庭的生计资本均处于较低水平。

5.4 生计脆弱性模型实证分析

5.4.1 数据来源

本研究的数据来源有两个渠道:一是由美国北卡罗来纳人口研究中心、中国疾病预防与控制中心的营养与食品安全研究所共同组织和开发的中国营养与健康调查(China Health and Nutrition Survey,简称 CHNS);二是来源于作者 2014 年暑假期间随同国家林业局经济发展研究中心和东北林业大学联合启动的“重点国有林区民生监测课题组”深入东北国有林区,对发放的“东北国有林区职工家庭生计脆弱性调查问卷”进行回收、整理得到的第一手数据。采用多阶抽样的方法对东北国有林区的 13 个林业局、61 个林场的 770 户职工家庭进行抽样问卷调查。问卷回收率为 100%,其中有效问卷共计 768 份,有效率达 99.74%。

使用这组数据的理由是:一是从调查方式、调查范围和样本容量来看,CHNS 的数据代表性比较高,满足打样的要求;二是这个数据库建立的时间比较早,从 1989 年开始直到现在,已经做了 7 轮家庭调查,并且随着中国市场化进程的发展,不断更新、调整和增加各相关变量,其数据见证了中国在市场化进程中的变化,在已有的微观数据中,其全面性和系统性也是极为罕见的;三是虽然 CHNS 不是专门为研究贫困问题而设计的,但调查中包括了各种收入及补贴的信息,还包括了有关家庭、个人、社区的特征的信息,是一个难得的多省份城乡分布样本,为研究生计脆弱性提供了可能;四是 CHNS 是目前国内公开且质量水准很高的数据库,应用此数据所做的研究结果便于同行之间的交流和校正，而且从数据描述中可以看到，CHNS 数据的跟踪率很高，在学术界的影响越来越大，假以时日必将成为收入分配及贫困研究领域通用的数据资源，通过本研究不断熟悉这一数据，便于以后的深入研究；五是 CHNS 同时提供了各轮的截面数据，还将 7 轮数据整合成纵向数据，可以满足不同的研究需求，同时也有利于对数据的交叉审核；六是入户调查的原始数据具有客观性、真实性，能更准确地反映东北国有林区职工家庭的生计现状和脆弱程度，为政府及林业主管部门制定相应的制度和措施提供依据。

5.4.2　变量的选择

Chaudhurl 研究了菲律宾、印度尼西亚和中国的民生脆弱性问题，他使用的是 1997 年的 FIES(Family Income and Expenditure Survey)和 1998 年的 APIS(Annual Poverty Indicators Survey)数据，考虑了家庭规模、家庭规模平方项、家庭构成、户主特征、指示变量等几个方面因素。其中，成人数和抚养比例被作为家庭规模的代表性变量。同时以女性户主、婚姻状况、年龄平方、职业特征、教育程度、年龄等变量来刻画户主特征。为了反映职业特征引入了 n 个虚拟变量，还选择了是否有土地、用电情况、是否属于某个集体作为指示变量。对印度尼西亚的研究，从家庭规模、家庭规模平方项、家庭结构、户主特征等方面选择变量，用各年龄段(6 ~ 12 岁、13 ~ 15 岁、16 ~ 18 岁、成人)在家庭中所占比例来反映家庭结构，用性别、婚姻状况(单身、已婚、离婚)、教育程度(文盲、小学、初中、高中、其他教育)、职业特征(分为自雇无帮工、自雇有帮工、家人或临时雇工)、年龄、年龄平方、自雇有长期雇工、受雇者描述户主特征。对中国的研究，变量选择涉及三个基本方面：家庭变量、人口变量和地理变量。其中，家庭变量主要包括教育方面，也就是成年家庭成员中的不同教育程度(不考虑高中及以上教育程度)的比例及 15 岁以下孩子中读小学和中学的比例(不包括那些留在家里或声称是文盲的孩子)；人口变量则选择了户主年龄、各种年龄(5 岁以下的除外)的儿童的比例、户主年龄平方、家庭是否纯农业户和家庭规模；地理变量选择了县地貌虚拟变量(平原、沿海、山地)，是否属于贫困山区、少数民族地区等有特殊需求的地区，医疗设施的可得性，国有林区的基础设施(主要看公路密度、灌溉地的多少)。Kashi 用巴基斯坦 3 个村 1996 年、1999 年两期的面板数据，区分正向、负向冲击，研究家庭的初始特征对消费变化的影响，并以此为基础测度相关脆弱性。发现虚拟变量、家庭规模、抚养比、是否有定期的转移收入、是否有土地、土地资产价值、户主年龄、是否有非农全职雇员、户主教育程度方面的负向冲击对消费变化有显著性影响，从正向冲击看，仅抚养比的影响显著。

章元用1989年、1991年、1993年三轮CHNS农村面板数据来研究中国的民生脆弱性，从固定资产、人力资产、金融资产三个方面选择变量。其中，用家庭耕种的耕地面积对数反映固定资产，用灌溉、生产及其他设备价值对数反映金融资产，从劳动力数量和质量两方面反映人力资产，前者选择了家庭成员数量，后者选择了户主正式教育年限、户主性别、户主年龄。他分别运用固定和随机效应模型做了估计，且截距项效果都很显著，随机效应模型里除户主年龄外都很显著，固定效应模型中土地和性别不显著。Kohz以埃塞俄比亚农村家庭调查数据（Ethiopian Rural Household Survey，简称ERHS）为来源研究该国的民生脆弱性问题，从总冲击、趋势变量、家庭结构、特殊冲击四个方面寻找影响收入的因素；用社区降雨反映总冲击的大小；用降水问题指数（主要指时机等）、牲畜、水和放牧、庄稼受影响的指数、畜疫、每个成人生病的天数反映特殊冲击的大小；用价格指数对数、后收获季节、劳动需求低峰季节反映趋势变量；用成人数、抚养比来反映家庭结构。结果发现，除降水问题指数、牲畜水、放牧、每个成人生病的天数之外，其他变量都显著。Ravallion用中国四个省的数据分析暂时及慢性趋势贫困的影响因素，从家庭变量、其他资本和地理变量三个方面去寻找。在家庭变量方面，从教育和人口特征两方面选择，教育方面包括不同学历（不考虑高中及以上的文化程度）的成人在家庭中所占的比例，15岁以下的孩子读小学或初中的比例（排除那些待在家中或声称是文盲的）；人口学变量包括年龄或年龄平方、各种年龄孩子的比例（不考虑5岁以下婴幼儿）、各种家庭规模的虚拟变量（不考虑没孩子的家庭）、在国有部门工作的家庭成员比例。在其他资本方面，主要关注土地和其他实物资本的所有权，选择耕作的土地面积、土地持有水平、亩①产作为土地质量和农业产出冲击的指标；为了控制单个家庭产量的方差，还选择了家庭谷物产量的标准差；另外还用家庭人均收入支出、家庭人均财富反映家庭的资产情况。在地理变量方面，选择了地貌虚拟变量（平原、沿海、山地）、是否为少数民族、边界地区等特殊需要地区。同时将7岁以上人口文盲率、非农部门就业机会、县人口密度、省虚拟变量和每万人拥有的医务人员数量作为研究变量。

另外，1992年世界银行报告指出，中国最普遍的林区生计脆弱的原因是地处边远地区或山区，交通、电力和其他农村基础设施不足，文盲和少数民族数量多。

考虑到家庭规模、家庭规模平方项、家庭构成、户主特征、指示变量等几个方面，其中用成人数和抚养比作为家庭规模的代表变量；用女性户主、婚姻状况、教育程度、年龄、年龄平方、职业特征来刻画户主特征；为了反映职业特征引入了 n 个部

① 1亩 = 666.6 m^2

门的虚拟变量;还选择了是否有土地、用电情况、是否属于某个集体等作为指示变量。

5.4.3　模型的构成要素及因素分析

脆弱性相近的家庭,其脆弱的原因可能各不相同,有的因病而形成生计脆弱,有的因年长而缺失必要的劳动力形成实质性脆弱,有的则因自然灾害无力面对突然而来的外界破坏力的冲击而形成生计抗逆力不足的脆弱,有的因政策性或其他原因失业而使收入水平降低,产生家庭生计脆弱。各种具体的脆弱原因归纳起来都是以这两种方式给居民家庭收入造成影响:一是降低了家庭收入水平,二是加大了家庭收入的变动性。也就是说,这两种方式最终转化为东北国有林区职工家庭生计脆弱性的两个直接根源。

为了探寻不同职工家庭脆弱性的根源,在确定了脆弱性的影响因素之后,还需进一步确定脆弱性的关键影响因素,即比较各因素的重要程度。但在上面的脆弱性回归模型中,各因素的单位不同,得到的回归系数也不同,因此不能用来衡量各因素重要性的大小。多元回归中,衡量自变量的相对重要性最常用的两个工具是标准化系数和偏相关系数。

所谓标准化回归系数是在对原始数据标准化消除了因变量 y 和自变量 x_1, x_2,…,x^n 所取单位的影响基础上估计出来的回归系数。其含义是自变量变动一个标准差,因变量平均变动多少个标准差,其绝对值的大小直接反映了 x_i 对 y 的影响程度。但是标准化回归系数不但与自变量的回归系数有关,还与这个变量的波动程度有关,如果波动程度较大,自变量就显得更重要。偏相关系数是指扣除或固定某两个变量之外的其他变量的影响之后,这两个变量之间的相关关系,比简单相关系数更能反映变量间的本质联系。偏相关系数也没有单位,其绝对值同样可以用于比较各变量对因变量的相对重要程度。标准化回归系数和偏相关系数的符号始终相同,当自变量只有两个时,二者绝对值的相对大小一致;但自变量多于两个时,由于变量的波动,二者绝对值的相对大小可能不一致。本书同时采用这两种手段比较脆弱性各影响因素。教育程度方面有两个变量可供选择,一个是户主教育程度,另一个是成人平均受教育年限。虽然后者的概括性更强些,但是在前面的研究过程中发现,该变量对家庭福利状况的影响不如前者显著。首先,林区和城镇之间教育程度和结构存在巨大差异。在城镇,户主为高中及以上文化程度的家庭占比将近一半;在林区,小学组是众数组,高中及以上组仅为 14%,大学组不到 1%,小学及以下组占到一半以上。目前可借鉴的林区职工家庭生计脆弱性研究表明,教育作为最重要的人力资本,对于改变脆弱性状况、提高林区民生质量,起到关键作用。缺乏教育资本的职工家庭往往容易形成高脆弱性风险,进而形成高脆弱性的代际转移。东北国有林区的生计脆弱职工家庭主要分布在偏远林场,与东北国有林区整体受教育程度过低有直接关系。不同教育程度存在巨大的收入差距。教育程度越高,收入越高。城镇和林区之间相同教育程度家庭的收入也有差异。城镇最低组收入低于林区,最高组的收入却远低于林区。一方面说明林区的两极分化现象更严重,另一方面说明城镇低收入群体生计状况更恶劣。贫困率、脆弱性、高脆弱性、平均脆弱性最高的都是受教育年限少的人群。城镇和林区之间相同教育程度之间的脆弱性也存在差异,主要表现在变化趋势上的差异。

中国 2014 年东北国有林区职工家庭脆弱性的影响因素中,排在第一层面的是家庭规模、电器、交通等资产价值,以及农机具等生产用具价值、房屋出租价值,它们的标准化系数绝对值都在 0.33 以上,偏相关系数绝对值都在 0.63 以上。但是这几个相关因素如果按标准化系数和按偏相关系数排序时,顺序却不太一致。王海燕等的研究结论表明,如果二者不一致,应以偏相关系数的顺序为标准。因此,这四个因素重要性的顺序依次为:电器和交通等资产价值、家庭规模、农机具等生产用具价值、房屋出租价值。除了家庭规模是非可控因素以外,这一层次的其他三个因素都是资产类变量。其中电器和交通等资产价值中的交通资产和农机具等生产用具价值,对于东北国有林区的职工家庭来说,都是非常典型的生产性资产,对于东北国有林区职工家庭生产、生活和福利状况的重要性自然无须多说。国有林区的房屋出租价值虽然由于当地相对不发达的房屋中介市场及规模和相对较小的需求,很难转化为财产性收入,但这也在一定程度上表明了东北国有林区职工家庭经济实力的大小,而且如果遇到特殊情况需要变现时,也能带来更大的现金流。医保比例、年龄、在途时间则排在第二层次,标准化系数绝对值都在 0.19 以上,偏相关系数绝对值都在 0.4 以上。其余对东北国有林区职工家庭生计脆弱性产生影响的因素的重要性按照标准化系数排序依次为:家庭成员成年人数、普通常用医疗费用、教育水平、自雇比例、随礼支出、诊断高血压等常见慢性病比例、劳动力技术能力。

5.4.4 生计脆弱性的测度

通过查找国家统计局网站(http://www.stats.gov.cn),得到 2012 年所调查省份的居民人均收入。根据贫困线的定义,利用平均收入的一半作为贫困线,最后确定贫困线为年人均收入 9 684 元。利用公式确定每个地区每个家庭的生计脆弱性,进而得到每个地区的生计脆弱性。

本研究通过整理、分析、测算东北国有林区抽样入户调查的三省 13 个地区的有效样本(768 户职工家庭的五项生计资本),在此基础上,根据东北国有林区职工家庭生计的特点,在之前计算生计资本所选取的各项指标的基础上加入了每个职工家庭林产业工作人数这一指标,共同作为自变量,以家庭人均收入对数作为因变量,利用多元线性回归分析方法建立东北国有林区职工家庭生计脆弱性模型,据此预测出各个地区未来的职工家庭收入。再利用 SPSS 分析软件的聚类分析功能、脆弱性测度方法,计算出各个地区的林区职工家庭生计脆弱程度和脆弱性趋势。

2013 年东北国有林区各地区人均收入,见表 5-12。

表 5-12　2013 年东北国有林区各地区人均收入

地区	人均收入/元	人均收入对数
牡丹江	13 270.9	9.493 328 947
绥棱	17 247.68	9.755 432 921
清河	14 322.24	9.569 568 853
友好	11 228.51	9.326 211 359
乌马河	16 038.81	9.682 766 689
塔河	9 547.8	9.164 066 04
十八站	15 422.77	9.643 600 268
乌尔旗汉	11 089.77	9.313 778 341
伊图里河	11 315.18	9.333 900 466
克一河	7 786.93	8.960 201 966
湾沟	13 643.86	9.521 044 883
泉阳	14 905.84	9.609 508 361
三岔子	18 360.43	9.817 953 084

各地区未来脆弱性预测结果,见表 5-13。

表 5-13　各地区未来脆弱性预测结果

地区	脆弱性
1 牡丹江	0.252 758
2 绥棱	0.129 367

表 5 - 13(续)

地区	脆弱性
3 清河	0.169 068
4 友好	0.507 05
5 乌马河	0.001 348
6 塔河	0.579 068
7 十八站	0.100 279
8 乌尔旗汉	0.588 598
9 伊图里河	0.364 136
10 克一河	0.797 443
11 湾沟	0.000 226
12 泉阳	0.280 362
13 三岔子	0.000 127

从东北国有林区未来脆弱性预测结果比较来看,生计资本禀赋相对不足的林区职工家庭生计脆弱性程度也较高。友好、塔河、乌尔旗汉、伊图里河、克一河的职工家庭生计脆弱性都大于0.3。其中内蒙古克一河地区的职工家庭生计脆弱性最高,其生计资本禀赋也最低。吉林省的三个林业局中,湾沟和三岔子的职工家庭生计资本禀赋都较高,其生计脆弱性很低。泉阳林业局的职工家庭生计资本最高,其生计脆弱性为0.28,处于中等水平。

对以上入户调研选取的三省13个地区预测出的东北国有林区职工家庭生计脆弱性结果再利用spss软件进行系统聚类分析,得到的结果是:4,6,8,10地区,也就是友好、塔河、乌尔旗汉、克一河为东北国有林区中职工家庭生计脆弱程度相近的同一类地区,即职工家庭生计脆弱性较高;而1,2,3,5,7,9,11,12,13地区为一类,职工家庭生计脆弱性相对较低。

聚类分析表,如表5 - 14所示。

表 5 - 14　聚类分析表

地区	脆弱性	CLU2_2
1 牡丹江	0.252 8	1

表 5－14(续)

地区	脆弱性	CLU2_2
2 绥棱	0.129 4	1
3 清河	0.169 1	1
4 友好	0.507 1	2
5 乌马河	0.001 3	1
6 塔河	0.579 1	2
7 十八站	0.100 3	1
8 乌尔旗汉	0.588 6	2
9 伊图里河	0.364 1	1
10 克一河	0.797 4	2
11 湾沟	0.000 2	1
12 泉阳	0.280 4	1
13 三岔子	0.000 1	1

从脆弱性计算结果可以看出,各地区脆弱性程度由高到低依次为:克一河、乌尔旗汉、塔河、友好、伊图里河、泉阳、牡丹江、清河、绥棱、十八站、乌马河、湾沟、三岔子。脆弱性大于 0.5 的地区为:克一河、乌尔旗汉、塔河、友好。隶属内蒙古自治区的三个林业局:乌尔旗汉、伊图里河、克一河脆弱性相对较高,原因是这里的自然资本、社会资本、金融资本严重不足,加之地理位置、区域自治政策和民族文化等方面的因素制约,林区经济发展相对缓慢,林区职工生产和生活观念相对落后,“小富即安,不富也安”的观念和思想充满全区域,老观念固化,新观念进不来。隶属吉林省的三个林业局:湾沟、泉阳、三岔子脆弱性相对较低,原因是这里的国有林业企业最先改制,区域内居民的文化和观念相对先进,对新技术、新的生产方式接受和利用得较快;另外,这里的自然条件也相对其他两省温暖少灾,因此也可以说这里的林区职工家庭生计资本先天禀赋相对充足。其中,三岔子和湾沟的脆弱性最低。隶属黑龙江省的林业局中塔河、友好林业局的脆弱性相对较高,原因是这里在地域上属于大兴安岭这一寒温带气候区,虽然经济制度和职工观念比隶属内蒙古自治区的林业局先进些,但生计资本总量相对还是欠缺。

聚类树状图,见图 5－3。

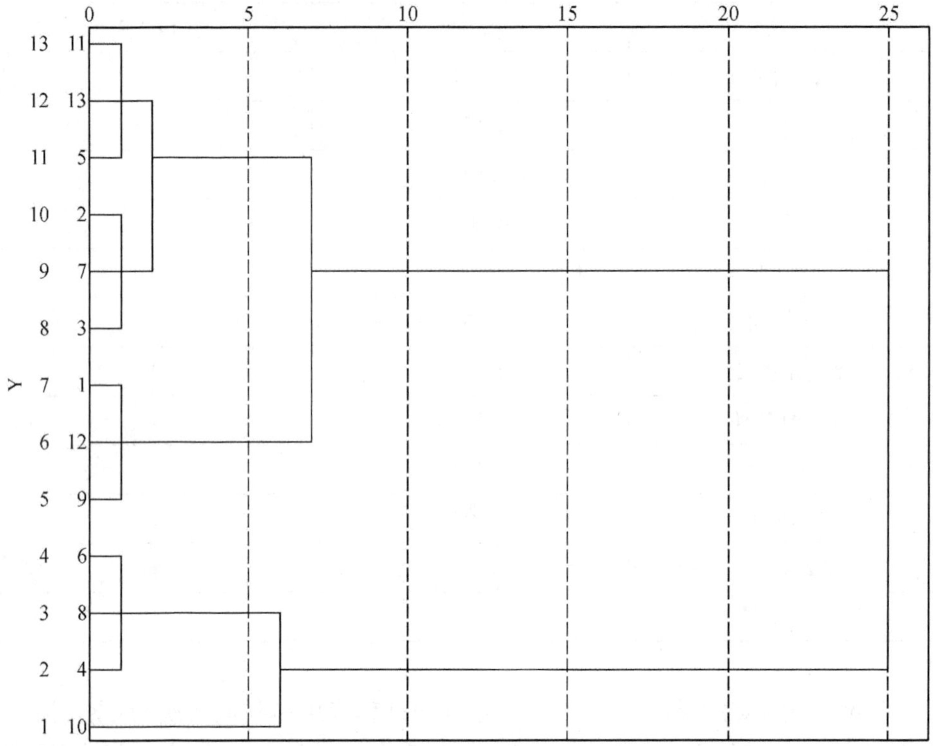

图 5-3 聚类树状图

5.4.5 发现的问题及修正措施

(1)预测的精确性依赖于脆弱线的选择;预测的精确性还与计算未来收入的期望的方法有关,用过去收入的加权平均法计算的永久性收入作为未来收入的期望能够得到更高的预测精确性,而使用回归方法的效率则较低;预测的精确性还与贫困线的选择有关,其他条件保持不变,高贫困线下测量的精确性较高。

(2)由于脆弱性概念的产生、存在和发展还不够完善,在通常的研究中,脆弱性的模型对未来的冲击及冲击后果是未知的,而本研究中作者本人知道该地区的冲击状况,东北国有林区职工家庭的生计脆弱状况也正在面临灾难冲击的严重后果,且正在利用有限的生计资产应对冲击。拥有不同生计资产禀赋的职工家庭所面临冲击的反应如何确定? 且在该冲击的随后重建结束后,在其他因素不变的情况下，东北国有林区职工家庭生计将面临的风险又是什么？

(3)本书在写作过程中，发现调研问卷的设计还有考虑不充分的一个问题，就是在职工家庭支出结构中，婚嫁等人情往来是国有林区职工家庭除了建房之外最大的支出去向。而人情往来没有在收入结构调查中做统计，这是一个不足的地方。这使职工家庭社会资本的计量缺乏准确性，进而影响对职工家庭社会资本的评估和分析。

(4)建立更加合理的职工家庭生计脆弱性评价体系来衡量东北国有林区职工家庭生计脆弱性，有待更进一步地研究。本书对东北国有林区职工家庭生计脆弱性的定量研究分析，基本吻合了研究初期的预测，在本研究中建立了衡量职工家庭生计脆弱性的评价指标体系和综合得分指数，对东北国有林区职工家庭生计脆弱性的研究是相对全面的补充和完善。职工家庭生计状况是一个连续的、动态的发展过程，如将来有可能继续做这一方面的连续研究，与之前的脆弱程度做比较，研究东北国有林区职工家庭生计脆弱的变动情况，相信会得出更加有学术价值和应用价值的结论。

通过设计和入户抽样跟踪调查得到的原始数据，运用严谨的相关数据及现代经济统计分析软件，建立东北国有林区职工家庭生计脆弱性模型，并运用第一手真实数据进行假设检验，通过实证研究对其脆弱程度进行测度，并把林下经济引入分析中，这也是国有林区职工家庭生计脆弱性研究的创新之处。

5.5　本章小结

本章是全书的核心部分，主要研究的是东北国有林区职工家庭生计脆弱性测度的原则、数据的采集和回归模型的建立及检验。通过对东北国有林区职工家庭生计调查数据的整理、归纳和分析，得到各影响因素之间的主次关系和主要影响因素，为下一步评价指标体系的重构打下基础。

第6章　国有林区职工家庭生计脆弱性评价指标体系重构

6.1　国有林区职工家庭生计脆弱性评价指标体系重构的原则

东北国有林区职工家庭生计脆弱性评价指标体系是依据科学性、目的性和联系性原则来设计和建立的。也就是说该评价指标体系既要符合职工家庭生计脆弱性本身的性质特点和发展规律,又要考虑管理的目的及指标之间的联系。

1.层次性与结构性原则

国有林区职工家庭生计脆弱性评价指标体系是一个较为复杂的信息系统,反映出职工生计资产、生计能力、生计策略等各个方面。在建立指标时,既要全面反映东北国有林区职工家庭生计状态,又要尽量避免指标的重叠,应该根据生计所包括的内容分出层次,然后根据层次内容划分为若干个子系统,每个子系统下要包含多个指标,对每个指标进行逐一分析。在划分指标时,越基层的指标包含的内容越具体,越高层的指标包含的内容越广泛,综合程度越高。因此在建立指标体系时,要依据层次性和结构性相统一的原则,完整性与动态性结合。职工家庭生计系统与可持续发展概念深刻而丰富的内涵要求指标体系具有完整的涵盖面。根据层次法确定的指标有目标层、准则层、指标层和指标权重,既有综合性指标又有单项要素指标,并且内容简单明了、准确,具有代表性。生计脆弱性系统是一个不断变化发展的动态过程,选择的指标必须能反映当地发展的变化,揭示内在的发展规律,充分考虑动态变化的特点,要做到系统性与层次性协调。生计脆弱性系统是个开放的复杂系统,由不同层次、不同要素组成,各子系统、各层次和各要素之间有机地联系在一起。对生计状况的发展程度与发展状况进行评价,应在不同层次上采用不同的指标,即在不同层次上有不同的指标设计,这样有利于决策者针对不同层次和程度的职工家庭生计的发展制定不同的政策和措施。

2. 代表性与简洁性原则

在建立指标体系时，既要有足够的涵盖面，又要把握指标选取的关键要素，选取较有代表性的典型指标，尽量避免指标冗繁重复。因为生计脆弱性评价指标体系较为复杂，在建立指标时，为了涵盖各个方面，往往导致指标体系规模膨胀，大量不需要的指标纳入其中，以至于在搜集信息和实际操作过程中带来了很多不必要的麻烦和困难，增加无意义的工作量。因此，在建立指标体系时，要同时兼顾代表性和简洁性的原则。生计脆弱性评价指标体系的建立，要有实用性，便于操作和设计可持续生计发展项目，既要符合中国林区情况和中国国情，又要参照国际惯例，与国际生计策略发展项目相结合，便于研究和资助。另外，评价指标体系还要具有可理解性，使被调查群体容易理解，懂得每项指标的含义和要求，体现参与式评估的优越性。从而让林区职工参与其中，了解他们的生计现状，促进国有林区的政策瞄准和民生可持续发展。

3. 可获取性与可操作性原则

指标的选取与建立是理论与实践相结合的产物。在建立东北国有林区职工家庭生计脆弱性指标体系时既要以理论分析为基础，又必须考虑到指标的可操作性和现实资料的获取。尤其在现阶段，东北国有林区职工家庭生计脆弱性指标体系尚处于探索阶段，相关信息还很缺乏。因此指标的选取和设立成为该指标体系建立的最大制约因素。科学性与实用性要兼顾。设计评价指标体系时，要有科学的理论做指导，使评价指标体系能够在基本逻辑结构上严谨合理，抓住被评价对象的实质特征，还要具有针对性。定量评价指标要做到数据资料来源渠道可靠并容易获得，各项数据标准化、规范化。计算评价方法要简便易行，在能够基本保证评价结果的客观性、全面性条件下，尽可能简化，减少或去掉一些对评价结果影响甚微的指标。每个具体选择的指标都要充分反映待评价林区职工家庭生计的全面状况，具有时间和空间变化的敏感性，从而指导国有林区民生可持续发展政策的制定、调整和实施。

4. 时代性与前瞻性原则

国有林区职工家庭生计脆弱性问题是与时俱进的、动态的持续发展的过程，通过整理入户调研的东北国有林区职工家庭的生计状况样本数据表明，在还没有全部满足基本生存需要时，林区职工家庭对更高的生活指标也存在新的期待，因此指标设计时既要达到反映现状的目的，又要具有前瞻性，要用长远的眼光来反映国有林区职工家庭总体的发展趋势和对未来的生计要求及设计。

6.2 国有林区职工家庭生计脆弱性评价体系重构的指导思想

党的十八大报告对推进中国特色社会主义事业做出“五位一体”总体布局，国家林业局及各级相关林业主管部门也以科学发展观为统筹指导，以生态文明建设为总体目标，全面建设中国特色社会主义生态文明。国有林区职工家庭的生计脆弱性状况是中国林业经济转型时期的关注重点。从生计资本角度分析东北国有林区职工家庭生计脆弱性的影响因素，以改善生态和发展民生为己任，加速降低林区职工家庭生计脆弱性，着力保障和改善民生，努力使国有林区职工家庭生计得到全面改善和提升，做到学有所教、劳有所得、病有所医、老有所养、住有所居，推动建设和谐林业生态经济和林业民生社会。学有所教就是要优先发展教育，促进教育公平，全面贯彻党的教育方针，办好人民满意的教育。坚持教育的公益性和普惠性，明确各级政府提供教育公共服务的职责，不断完善现代国民教育体系和终身教育体系，保障人民享有接受良好教育的机会。促进义务教育均衡发展，健全学生资助制度，保障经济困难家庭、进城务工人员子女平等接受义务教育。劳有所得就是要坚持实施扩大就业的发展战略，千方百计为劳动者创造就业机会、提供就业岗位，及时帮助零就业家庭解决就业困难，使所有有劳动能力和就业愿望的劳动者都能实现就业，使更多劳动者成为创业者，都能按照他们的贡献获得合理的劳动报酬。病有所医就是要坚持公共医疗卫生的公益性质，建设覆盖城乡居民的公共卫生服务体系、医疗服务体系、医疗保障体系、药品供应保障体系，为群众提供安全、有效、方便、价廉的医疗卫生服务，不至于使群众因贫困看不起病，也不至于因病致贫、因病返贫。老有所养就是要加快建立覆盖城乡居民的社会保障体系，促进企业、机关、事业单位基本养老保险制度改革，探索建立林业职工养老保险制度，加强老龄工作，发展老年社会福利事业，使所有老年人都能够分享发展成果，幸福地安度晚年。住有所居就是要将解决住房问题作为改善民生的重要方面，始终把改善群众居住条件作为城市住房制度改革和房地产业发展的根本目的。特别要将解决城市低收入家庭住房困难问题作为政府公共服务的一项重要职责，健全廉租住房制度，多渠道筹措资金，加快中低价位普通居民住宅建设，逐步改善住房困难群众的居住条件。

东北国有林区职工家庭生计脆弱性问题是社会价值的利益分配不和谐的表现，具体表现为社会问题和经济问题。经济转型时期东北国有林区职工家庭生计脆弱性问题凸显，长期的计划经济政策和国民经济"老大哥"的作用使东北国有林区职工家庭各项生计资产禀赋严重不足且组合极不合理、极不平衡，读书难、看病难、住房难、就业难、社会保障覆盖面较小等一系列问题（根据 2014 年作者对东北国有林区入户调查问卷整理显示）日益凸显出来。为了解决好林区职工家庭生计问题、促进林区社会和谐发展，国有林区民生问题成为中国学术研究和政府制定林区政策的关注点。

通过对有关国内外生计问题现状的文献的研究发现，目前学术界对生计指标体系并没有权威的标准，仍然侧重于生计问题的表现以及解决对策等方面，把生计作为一个体系来研究的还比较少。随着国有林区经济的发展，林区职工家庭生计问题也在改革发展中不断改进和完善，并且由单纯的物质生活补贴转向全面化的生计能力提升。国有林区经济指标的增长与发展，林区政策措施及福祉工程的建设，并不意味着国有林区职工家庭生计问题已经得到了全面解决。2009 年底，新华网网站面向全社会的一项调查结果显示，位居前五位的中国民生问题依次是：遏制高房价、维持物价稳定、涨工资、降低医疗费、保障教育水平。

6.3　国有林区职工家庭生计脆弱性评价指标设计

有效开展国有林区职工家庭生计脆弱性评价，设立切实可行的国有林区职工家庭生计脆弱性评价指标，对于保障林区职工家庭生计安全，提升其生计能力，降低其生计脆弱风险，促进中国国有林区经济可持续发展具有十分重要的理论与现实意义。

6.3.1　国际上常用的评价指标体系

综合国内外相关研究文献来看，英国国际发展部提出的可持续生计分析框架在学术界有较高的认可度。近年来，很多可持续生计问题的研究都是基于该分析框架开展的。它以生计资源为核心内容，以脆弱性为研究背景，对生计资本组成、生计脆弱性、生计的策略等方面展开实证研究。然而，可持续生计框架存在一定的局限性。首先，可持续生计框架仅仅是一个"框架"，将这一"框架"作为工具，用来分析生计的可持续性，缺乏完整的理论支撑；其次，在可持续生计框架中，定量分析方面稍显薄弱，没有明确地给出定量的方法。因此，鉴于可持续生计分析框架的两个薄弱环节，本书将生态环境理论、经济发展理论和社会公平理论作为国有林区职工家庭生计脆弱性评价指标研究的理论基础，构建以生计资本为研究基础的，从“资源拥有量”和“收入公平性”两个层面设计的国有林区职工家庭生计脆弱性的评价指标体系，并在此基础上运用定量和定性研究相结合的方法对我国国有林区职工家庭生计脆弱性进行评价。

遵循指标体系构建的思路和评价的基本原则，经济合作与发展组织（简称OECD）建立了“压力－状态－响应”（PSR）指标框架模型。该模型结合已有的研究并征求相关领域多位专家的意见，坚持“资源－环境－生计”系统良性耦合的观点，主要从林区职工家庭生计系统、社会系统、环境系统三个层面进行评价，职工家庭生计安全评价PSR模型框架如图6－1所示。

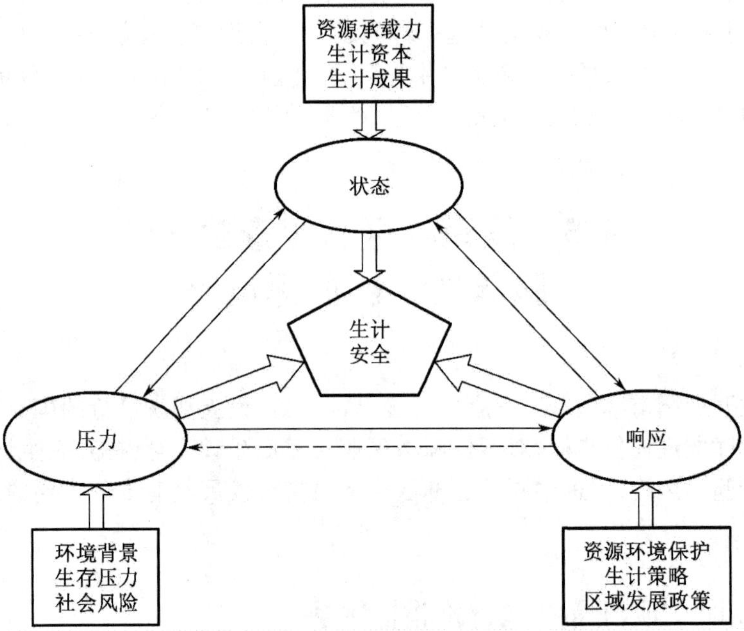

图6－1　职工家庭生计安全评价PSR模型框架

压力是指林区职工家庭的生存压力，是来自自然界、社会以及职工家庭本身固有的不利因素或不能适应改变所造成的作用于职工家庭生存目标的负效应。从林区职工家庭角度，可将生存范围分成三个层次，即自身、社会和环境。压力也来自环境背景、职工家庭生计压力和社会风险三个方面。环境背景，包括自然灾害、水土流失和土地荒漠化程度导致的损失；职工家庭生存压力，主要是生产资料投入的增长、年龄结构和人口压力;社会风险,包括贫困的范围、国民经济增长带来收入的相对降低和实际购买力的下降。

状态是指自然界、社会以及林区职工家庭生计在相互作用后的一种进行性的相对平衡或不平衡结果。这种结果主要体现在资源承载力、林区职工家庭生计资本以及职工家庭生计成果三方面。资源承载力包含生态环境、土地、水、森林等自然资源对生产生活的承载力;职工家庭生计资本包含职工家庭现时固定资产、可支配资产、住房、粮食储备,以及受教育年限等有形及无形资产;生计成果则因为区域的多样性而很难统计与对比,所以转化为可以准确量化的人均纯收入和家庭恩格尔系数。

响应是指社会与职工家庭有意识、有目标地针对压力以及不平衡状态所采取的利用和恢复响应的行动。在此根据其对象的不同,分别选取环境、政府和林区职工家庭的响应,即资源环境保护、区域发展政策、职工家庭生计策略三个方面。资源环境保护响应是评价资源和环境利用及恢复的指标。区域内的投资、资源承载力的恢复直接反映了压力和状态能否被调节和改善,是否向积极健康的方向发展。因此选取了环保的投资强度、生态足迹定量指标和林区职工对生存环境满意度的定性指标。区域发展政策包括了对教育、林区固定资产的投资,以及自然灾害和林区社会救济、林区医疗条件等社会保障与建设指标。职工家庭生计策略包含了劳动力就业率和农产品商品率两个指标。

(1)目标层

是职工家庭生计安全的总体目标,实现职工家庭生计系统及区域经济健康发展,是指标体系的最高层次。

(2)准则层

指目标实现的主要系统层次,包括压力子系统、状态子系统和响应子系统。

(3)要素层

是准则层的次要层次,由环境背景、居民家庭生存压力、社会风险、资源承载能力、职工家庭生计资产、职工家庭生计成果、资源环境保护、区域发展政策、职工家庭生计策略九个基本要素组成其子系统,每个要素包括若干具体指标。

(4)指标层

是评价指标体系最基本的层次,包括职工家庭生计安全评价的30个具体指标,这些指标都是评价的直接可度量因子。

6.3.2　中国目前区域居民家庭生计评价体系存在的问题

(1)中国居民家庭生计脆弱性评价指标体系不完整。目前,中国并没有一套完整的居民家庭生计脆弱性评价指标体系，甚至居民家庭生计脆弱性指标是什么都没有统一的解释。中国某些省市虽然建立了自己的居民生计指标体系，但实质上是当地居民生计统计数据的集合，地方性色彩较浓，各指标之间也缺乏内在的必然联系和逻辑性，因为其本身并没有完善的理论基础和理论分析框架做支撑。

（2）各省市的居民生计指标不能用来分析当前中国人口、经济、社会发展之间的关系。例如，在深圳市生计指标评价体系中，收入分配只采用居民人均可支配收入和基尼系数两个指标进行评价，明显不完善，缺少目前评价收入水平较为合理的指标中位数工资等。又如，在深圳和上海的生计指标体系中，均没有涉及交通评价指标。在评价公共交通方面，人均道路面积是一项重要的评价指标。2014 年 12 月 24 日，零点研究咨询集团发布的调查报告显示：每月北京居民由于道路拥堵产生的经济成本为 335.6 元，比 2012 年的 375 元/月有所下降，居全国所有城市之首。其次是广州和上海。同时，北京居民上下班时间花费也居高位，道路畅通时平均花费时间是 40.1 分钟，而道路拥堵时则达到 62.3 分钟。可见道路交通问题也成为影响民生和经济发展的一个重要指标，但是在以往的民生指标评价体系中并没有充分的体现。

（3）从综合评价的角度分析，中国生计评价指标还处于理论研究和探索状态，尚未采用系统的、公认的一些统计方法。国外居民生计指标体系是指北欧福利型国家的民生指标和英、法、德发达国家的民生指标体系。这些国家的经济高度发达，民众可以享受到较高的社会福利，所以其民生问题也就是当地的社会保障问题。个人福利是一种心理状态、一种满足感。余仕麟总结，“福利就是人们在精神和物质上得到满足”。福利和社会福利概念是有区别的。从社会实践角度，民生和福利都具有实现人的生存与发展的内容，既是一种社会生活状态，又包括实现理想状态的条件。如何评价人类某个区域居民家庭生计状态呢？迄今为止，社会福利评价指标大致分为以下几类：PSR 结构模型是评估资源利用和持续发展的模式之一。其中压力指标用以表征造成发展不可持续的人类活动和消费模式或经济系统，状态指标用以表征可持续发展过程中的系统状态，反应指标用以表征人类为促进可持续发展进程所采取的对策。建立一套完整的 PSR 模型是一个复杂的工程，原因之一在于可选取的指标众多，指标之间既存在关联和重叠，也有各种差异，具有一定的独立性，指标的单位也有诸多差异，目前为止还没有找到一个可行的办法把各种指标统一。指标的取舍要以系统的完整概括性和直观解释的便利性为目标，需要详加考证，选取指标之后尚有很多工作要做。本书不试图去把握宏观局面，仅就某种资源在局部地区的利用和环境持续发展的状况做一个例说。

6.3.3　东北国有林区职工家庭生计脆弱性评价体系

根据居民家庭生计可持续性的“压力－状态－响应－效应”评价框架，以居民家庭生计可持续性为评价目标，以脆弱性背景（压力）、生计资产（状态）、结构与过程和生计策略（响应）、生计结果（效应）为评价准则，构建居民家庭生计可持续性评价指标体系，建立切实可行的评价指标体系与评价模型。评价指标分为以下四类：压力指标是脆弱性背景下发展趋势、外部冲击、季节性变化对国有林区居民家庭生计的压力，一般是指对居民家庭生计可持续性有直接影响，不采取应对措施就会对居民家庭生计带来威胁的指标；状态指标反映居民家庭生计资产的组合配置及其变化；响应指标就是面对脆弱性背景下的各种压力，居民家庭采取的生计策略以及政策制定的结构和过程转变；效应指标指在脆弱性背景下居民家庭通过生计资产组合和生计活动实现的成就。

本书的研究重点是注重东北国有林区职工家庭生计脆弱性状况，而国有林区职工家庭生计脆弱性问题与经济、社会、资源、职工家庭成员自身等很多方面有着重要的关系，本书选取了与国有林区职工家庭脆弱性程度息息相关的五项生计资产拥有量和代表生计脆弱性特征的收入两个方面予以评价。国有林区职工家庭生计脆弱性评价体系拟以职工家庭五项生计资产拥有状况为前提，同时研究职工家庭的生计脆弱性发展状况。林区职工家庭生存、发展所需要的生计资源具有稀缺性，将资源拥有状况作为研究的前提，可以从职工家庭生计脆弱性的根源出发，探究职工家庭生计脆弱性产生的原因和解决办法等问题。将生态学、经济学、社会学的研究视野引入职工家庭生计脆弱性的研究中，有助于深入探讨东北国有林区职工家庭生计脆弱性问题。在研究职工家庭的资源拥有状况下，关注职工家庭代际、代内的生计资产和生计能力分配状况，从而探究职工家庭生计未来脆弱趋势。本书将东北国有林区职工家庭生计资本的拥有状况和职工家庭的社会收入纳入到指标体系中，可以将生态环境的制约性、经济发展水平和林区职工家庭间的收入公平性同时置于东北国有林区职工家庭生计脆弱性评价体系中，在一定程度上全面地衡量国有林区职工家庭生计脆弱性的趋势和程度。

在指标的选取方面，作者应用2014年暑假随同东北林业大学的“国家林业局民生监测课题组”深入东北国有林区职工家庭取得的第一手原始数据。在问卷设计上，结合二级指标进一步细化候选的三级指标，采取不同收入职工家庭分层、专家分别按其重要程度打分并最后取其较大平均分的办法确定三级指标。共发放问卷770份，全部回收，回收率达100%。其中有效问卷768份，有效率达99.74%。在确定权重方面，通过参考已有的研究成果和专家打分法确定。根据层次分析法，将职工家庭生计安全评价体系分为目标层、准则层、要素层和指标层。一级职工家庭生计脆弱性指标体系,见表 6-1。

表 6-1 一级职工家庭生计脆弱性指标体系

	一级指标
学有所教	教育指标
劳有所得	就业指标
	收入指标
病有所医	医疗卫生指标
老有所养	养老保险指标
住有所居	住房指标
基础设施建设	交通指标

指标分解如图 6-2 所示。

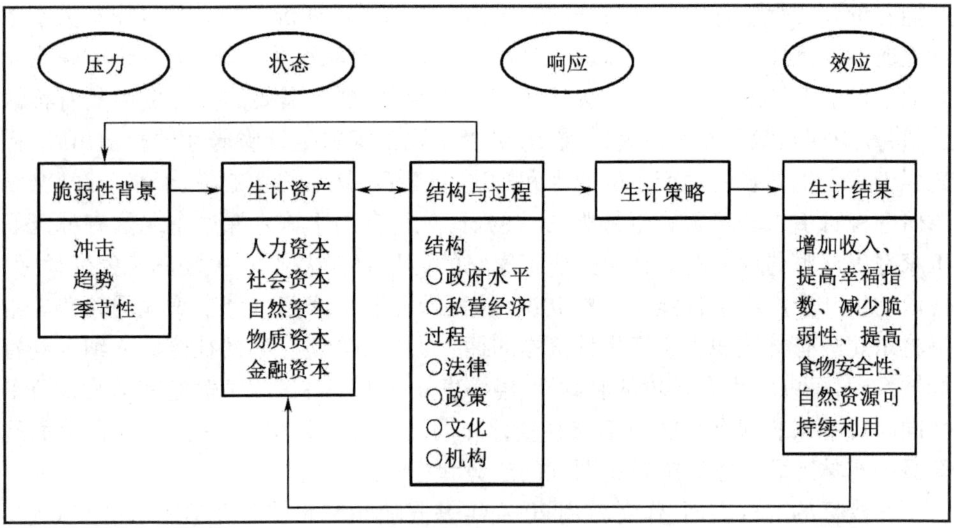

图 6-2 指标分解

在生态环境和经济发展理论的指导下，依据生计资源的五种类型，从三个层次构建评价指标体系。换言之，本书的评价指标体系中，资源拥有量层面的评价指标是以五种生计资源作为选取类别的。评价指标体系按照目标的大小分为三个层次：目标层、准则层和指标层。目标层是评价指标体系的目标，是为了衡量生计的可持续能力；准则层是以生计资源的五种类型来展开的，生计资源包括自然资源、物质资源、金融资源、人力资源和社会资源。在理想状态下的五类资源可各自选取 4 个指标，共计 20 个指标，用以评价生计资源拥有量层面的东北国有林区职工家庭生计可持续能力。这些指标是以测度职工家庭生计可持续能力为目的，在可得性、可比性的前提下，从理想的五种类别的生计资源中（要保证研究数据“横向”“纵向”比较的一致性）筛选出适合本书的各个指标。根据以上分析，构建了包含 36 个指标的、资源拥有量层面的东北国有林区职工家庭生计脆弱性实际评价体系。

6.3.4　评价体系的标准与权重

评价体系标准的确定是职工家庭生计可持续性评价实现定量化的重要环节。按照以上构建的国有林区职工家庭生计脆弱性评价体系，各单项的评价标准主要参考以下依据：国家标准或国际标准中规定的标准值；国有林区相关指标的现状值；国内外相关文献中确定的目标值；结合地方实际情况和社会经济发展水平，征求相关专家和政府部门人员意见确定的经验值。评价指标权重的确定是职工家庭生计可持续性评价的关键环节，通常分为主观权重法和客观权重法。主观权重法是根据专家的主观经验进行判断确定，如专家打分法、层次分析法等，该类方法的主观性较大，对专家的要求较高；客观权重法是通过对评价指标值进行统计分析计算确定，如主成分分析法、熵权法、均方差法等，该类方法的客观性较强，但是需要大量的原始数据。

评价指标的筛选。科学的评价体系是评价东北国有林区职工家庭生计脆弱性情况的重要前提。在初选指标时，要做到尽可能全面地涉及与职工家庭生计脆弱性相关的各个方面。本研究重点是东北国有林区在天保工程实施和经济转型视角下的职工家庭生计脆弱性评价体系构建，在指标优化时就要注重评价指标对东北国有林区职工家庭生计脆弱性的影响，对此影响较小的指标即可忽略不计，同时要避免重复指标的相互干扰。评价指标的筛选通常使用的方法有区分度的分析方法、基于相关性的分析方法、层次分析法、德尔菲法等。

本书通过测试和衡量东北国有林区职工家庭生计各项评价指标的发展水平，并借鉴其他地区居民家庭生计和民生的评价体系，兼顾到我国东北国有林区职工家庭生计的实际情况,对大量已有的统计数据和资源进行了适当的筛选、整理、再加工,汇集出生计资本组合策略和输出效果两方面的评价指标。

就业评价指标分解。依照前面的指标筛选方法,影响民生的就业指标主要从就业数量方面进行研究,评价就业情况的主要指标有全社会劳动生产率、劳动参与率、城镇登记失业率、大学生就业率、女性就业比例这五个方面。

收入评价指标分解。收入指标主要从东北国有林区的工资水平方面进行探讨,分别是人均可支配收入指标、中位数工资、工资总额占 GDP 的比重、基尼系数。

医疗卫生评价指标分解。东北国有林区的医疗保障制度主要是指国家、林业部门对劳动者由于疾病、非因公负伤引起的医疗费用给予的保障制度。例如,美国的医疗保险制度不仅包括疾病保险,而且包括伤害保险。

养老保险评价指标分解。养老保险是社会保障制度的重要组成部分,要实现“老有所养”就是为了保障因年老而失去劳动收入的人们获得生活的经济来源。现代社会老龄化日益凸显,因此养老保险制度的建立受到各国政府关注。在本研究中,将对目前中国养老保险的状况做出评价,以说明目前中国养老保险的情况。

住房评价指标分解见表 6-2。

表 6-2　住房评价指标分解

住房需求	居住人口数
	流动人口数
居住水平	人均居住面积
	住房居住面积
房价	房价收入比
	租售比
住房保障	低收入租赁户数
	住房补贴

交通评价指标分解。国有林区的交通基础设施是基础设施的重要组成部分,直接影响着职工家庭的生活质量和居民出行的便捷性,具有为社会服务的性质,因此国有林区基础设施建设直接影响着林区职工及其他居民的家庭生活,对职工家庭有着重要的意义。同时,交通运输带动内需,与环境、社会、经济等各个方面都有着密切的联系。良好的交通基础设施建设可以给居民带来舒适便捷的生活条件,同时也能对经济发展起到促进作用。

交通基础设施建设主要是指林区道路交通。交通评价指标体系的建立主要从人均道路面积、主干道密度、公交站点覆盖率、百辆车停车位数这四项指标进行评价。

综合以上评价体系，本书将东北国有林区职工家庭生计脆弱性评价体系构建为由 4 个一级指标、14 个二级指标、36 个三级指标组成的三级评价指标体系。具体见表 6 – 3。

表 6 – 3　国有林区居民家庭生计脆弱性评价体系

目标层	准则层	因素层	指标层
国有林区居民家庭生计脆弱性评价体系	脆弱性背景（压力）	外部冲击	旱灾受灾面积/hm^2
			洪涝灾害受灾面积/hm^2
			森林火灾面积/hm^2
			病虫鼠害发生面积/hm^2
		发展趋势	人口增长率/%
			林地面积变化率/%
			GDP 增长率/%
		季节性变化	居民消费价格指标/%
	生计资产（状态）	人力资本	劳动力数量/（人/户）
			蛋白质摄取量/（克/人日）
			初中以上学历人口所占比例/%
		社会资本	参加社会组织
			亲戚与好友关系网
		自然资本	人均林地面积/hm^2
			人均园地面积/hm^2
		物质资本	农林业机械拥有量/（辆/户）
			林区基础设施完善度
		金融资本	人均储蓄存款金额/（元/人）
			获得贷款的机会

表 6 - 3(续)

目标层	准则层	因素层	指标层
	结构与过程和生计策略(响应)	发展政策	固定资产投资/(元/户)
			自然灾害补助/(元/人)
		结构与过程	固定资产投资/(元/户)
			自然灾害补助/(元/人)
			领导潜力
		生计策略	工资性收入/(元/人)
			家庭经营收入/(元/人)
			财产性收入/(元/人)
			转移性收入/(元/人)
			林下经济性收入/(元/人)
			外出打工收入/(元/户)
	生计结果(效应)	经济收入	人均现金纯收入/(元/人)
			人均实物纯收入/(元/人)
		生活水平	恩格尔系数/%
		资源利用	林下作物播种面积/hm^2
			农用化肥施用量/(kg/hm^2)
			农药使用量/(kg/hm^2)

6.4 东北国有林区职工家庭生计脆弱性评价体系检验

通过以上对东北国有林区 13 个林业局 768 个职工家庭生计脆弱性状况的研究,参考国内外生计指标体系设计的相关文献,应用 2014 年东北国有林区职工家庭生计资本样本,对依据东北国有林区职工家庭生计脆弱性研究设计的国有林区职工家庭生计脆弱性评价体系进行验证。

6.4.1　样本的选择和数据收集

接下来的假设检验之所以选择应用大兴安岭地区的入户抽样调查数据，原因有以下三方面：

（1）大兴安岭地区位于东经 121°12′至 127°00′；北纬 50°10′至 53°33′，是中国的最北部，属寒温带气候。东接小兴安岭，西以大兴安岭山脉为界与内蒙古自治区相接，南部面临松嫩平原，北部通过黑龙江主航道中心线与俄罗斯相邻，是中国最北、面积最大的现代化国有林区，森林面积 8.46 万平方千米，相当于 1 个奥地利或 137 个新加坡。林木蓄积量 5.01 亿立方米，施业区总面积 96.61 万公顷，有林地面积 95.59 万公顷，活立木总蓄积量 4 018 万立方米，森林覆盖率 64.58%，约为全国总蓄积量的 7.8%，总人口 51 万，边境线长达 791.5 千米，下辖图强、阿木尔等十个林业局，在岗职工 2 150 人。充分利用林下资源与林荫空间，推广 10 种复合型、立体式林下经济发展模式，即“林药”“林果”“林菜”“林菌”“林虫”“林鱼”“林牧”“林服”“林苗”“林草”等模式。选择这里的数据来验证东北国有林区居民家庭生计脆弱性评价体系更有代表性。

（2）大兴安岭地区大多处于大兴安岭山脉的两坡，虽然处于同一地区，但由于两坡的气候条件，是重要的气候分带。大兴安岭东坡隶属黑龙江省，西坡隶属内蒙古自治区。夏季海洋季风受阻于山地东坡，东坡降水多，西坡干旱，二者呈明显的对比。但整个山区的气候比较湿润，年降水 500 毫米以上，利于林木的生长。北段是中国东部地区最冷的地方，冬季平均气温 -28 ℃，有大面积多年冻土区。这里森林资源丰富，野生动物珍稀品种繁多，有鹿、麋、貂、山兔及许多毛皮兽。林地的生长情况不尽相同，因此，选取山脉两坡不同林业局的居民家庭生计情况样本有很大的可比性，利于更有深度地分析本地区林区居民家庭生计脆弱程度和确定需要采取的政策和措施的瞄准。

（3）大兴安岭山脉两侧地区所属的中国行政区划分不同。大兴安岭东坡隶属于黑龙江省，以汉族人居多，也是中国赫哲族等人数稀少民族的聚集地；西坡隶属于内蒙古自治区，居民主要是蒙古族人。山脉两侧的林区居民多，且以少数民族居多，其生产经营和生活方式也有很大差别，因此产生的居民家庭生计的脆弱程度和原因也不尽相同，且需要制定的区域政策和扶救措施也就各有不同了。

6.4.2 国有林区职工家庭生计脆弱性评价体系检验

主成分分析也称主分量分析,其学术思想是利用数学变换来降维处理分析变量,把多个变量指标转化成几个少数有代表意义的综合指标。在实际研究中,为了全面、系统地分析问题,一定得考虑很多影响因素,这些因素即变量。每个变量都在不同程度上反映所研究问题的某一方面信息,且指标之间一定会有相关性,因此这些统计数据所反映的信息一定会有某种程度上的重叠。变量太多就会影响研究的进行,影响特征值分解,也就是主成分分析,SVD、NMF 等可以解决这类问题。即把给定的一组相关变量通过线性转换转成另一组不相关的变量,这些新的变量按照方差依次递减的顺序排列。在数学变换中可以保持变量的总方差不变,这样第一变量就会具有最大的方差,称作第一主成分;第二变量的方差次之,且与第一变量不相关,称作第二主成分,依次类推。目的是希望用较少的变量来解释研究中的大部分原始变量,这样许多相关性很高的变量就可以转化成彼此相互独立或不相关的变量。一般来说是选出比原始变量个数少,又能解释大部分研究中变量的少数新变量,即所谓主成分,用以解释研究的综合性指标。可见,主成分分析是一种降维方法。

主成分分析的不足之处如下:

(1)没有明确判断降维的条件是否成立;

(2)主成分系数平方和不是 1;

(3)没有明确和判断数据是否适合这类分析;

(4)选取的主成分对初始变量没有代表性。

1. 主成分分析

在变量转化过程中,指标的权重不是人为确定的,而是根据各个指标间的相关关系确定,最后再由权重构成来进行综合评价指数的确定。评价体系能够直观地反映居民家庭生计的脆弱性。在确定指标权重的主成分分析中,选用 SPSS 统计分析软件作为分析工具。最后得到相关系数矩阵表、公因子方差表、提取主成分累积表、碎石图和初始因子载荷矩阵表。

大兴安岭林管局职工家庭五项资本见表 6 – 4,五项资本影响因素的对应柱状图如图 6 – 3 所示。

已知 5 个变量之间是相关的,所以提取主成分,结果如表 6 – 5 所示。

表 6－4　大兴安岭林管局职工家庭五项资本

地区	人力资本	自然资本	金融资本	社会资本	物质资本	总计
塔河	0.412	0	0.651 1	0.529	0.399 8	1.991 9
十八站	0.445 3	0.023	0.6	0.617 5	0.518 5	2.204 3
乌尔旗汉	0.374 9	0.028 5	0.603 3	0.524 9	0.354 1	1.885 7
克一河	0.433 2	0.013 5	0.616 4	0.506 8	0.313 4	1.883 3

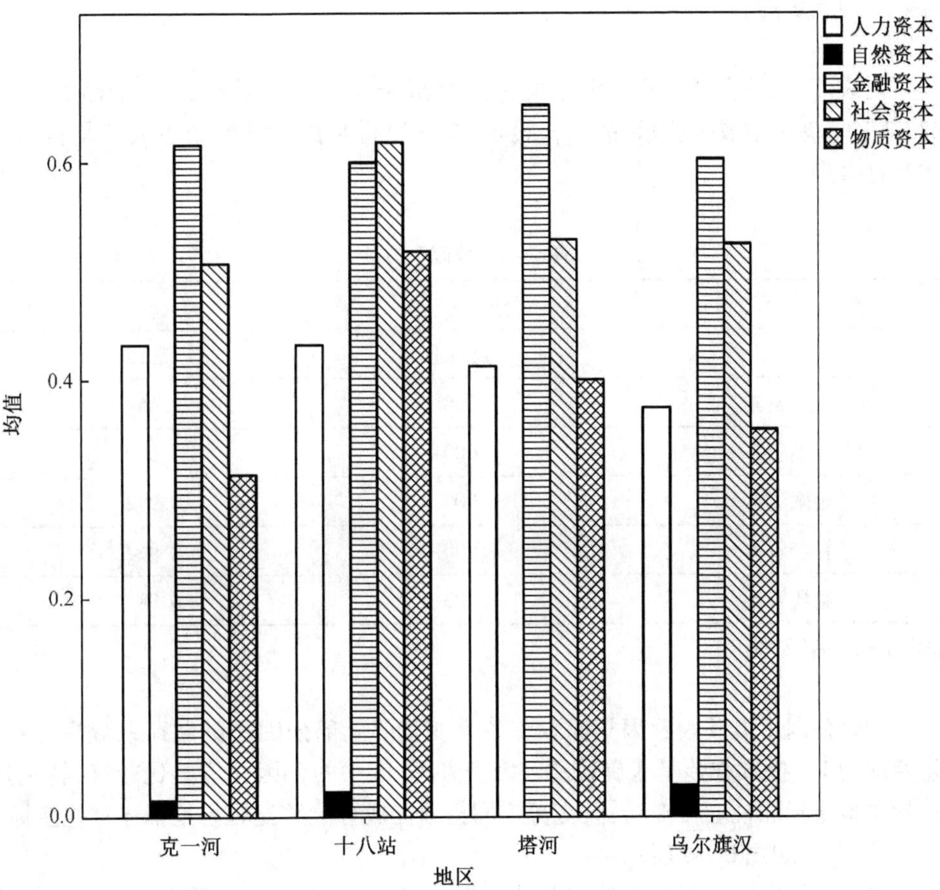

图 6－3　五项资本影响因素的对应柱状图

表 6 -5　提取主成分累积表

解释的总方差						
成分	初始特征值			提取平方和载入		
	合计	方差的百分比	累积百分比	合计	方差的百分比	累积百分比
1	2.644	52.888%	52.888%	2.644	52.888%	52.888%
2	1.791	35.828%	88.715%	1.791	35.828%	88.715%
3	0.564	11.285%	100.000%			

提取方法:主成分分析。

由表 6 -5 可以得到,当提取前两个成分的时候,累积百分比已经达到88.715%,满足主成分要求,故结合表 6 -6 可以得到提取的两个主成分是自然资本和社会资本。

表 6 -6　公因子方差

公因子方差		
	初始	提取
人力资本	1.000	0.659
自然资本	1.000	1.000
金融资本	1.000	0.932
社会资本	1.000	0.964
物质资本	1.000	0.881

提取方法:主成分分析。

初始公因子方差表示因子提取前各个变量的全部公因子的载荷系数平方和,初始均为 1。提取方差是未旋转的公因子方差,表中的公因子方差比较高,特别是自然资本指标和社会资产指标,充分说明提取的成分能够比较好地描述这些指标。

碎石图,如图 6 -4 所示。

各类生计资产指标之间的相关性很低,自然资产指标与物质资产指标之间的相关系数最高,仅为 0.215,这说明在评价体系构建上指标选择较好,重复的信息不多。

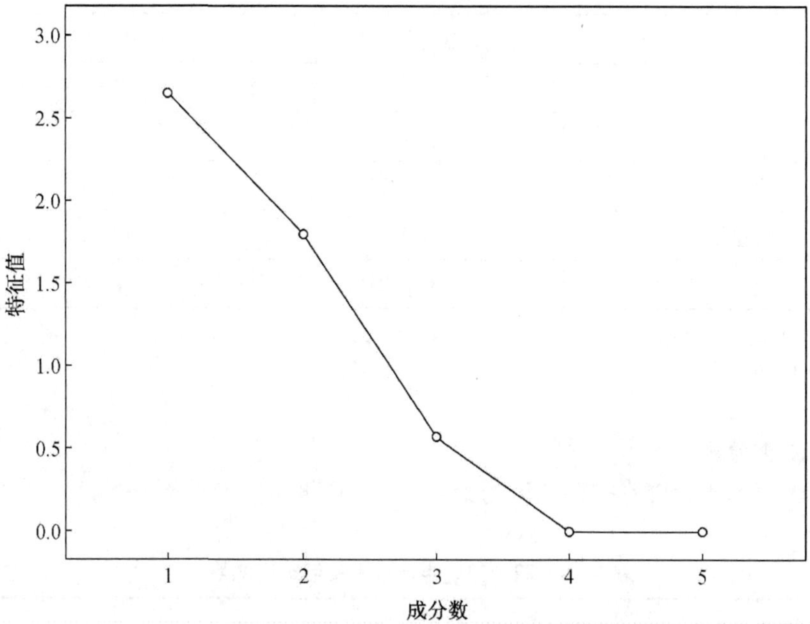

图 6-4　碎石图

由表 6-7 可以得到两个关系式，令 x_1 为人力资本，x_2 为自然资本，x_3 为金融资本，x_4 为社会资本，x_5 为物质资本，即得到社会资本、物质资本为主要影响因素的关系式 Y_1 与自然资本、人力资本为主要影响因素的关系式 Y_2。

$$Y_1 = 0.456x_1 + 0.603x_2 - 0.711x_3 + 0.937x_4 + 0.830x_5$$
$$Y_2 = 0.672x_1 - 0.797x_2 + 0.653x_3 + 0.294x_4 + 0.439x_5$$

表 6-7　成分矩阵

成分矩阵[a]		
	成分	
	1	2
人力资本	0.456	0.672
自然资本	0.603	-0.797

表 6 –7(续)

成分矩阵[a]		
	成分	
	1	2
金融资本	-0.711	0.653
社会资本	0.937	0.294
物质资本	0.830	0.439

提取方法:主成分分析。

a. 已提取了 2 个成分。

2. 聚类分析

职工家庭生计资本按照地区的聚类,见表 6 –8。

表 6 –8　职工家庭生计资本按照地区的聚类

聚类表						
阶	群集组合		系数	首次出现阶群集		下一阶
	群集 1	群集 2		群集 1	群集 2	
1	3	4	0.006	0	0	2
2	1	3	0.008	0	1	3
3	1	2	0.041	2	0	0

由表 6 –9 可以得到,结合 5 种因素对东北国有林区职工家庭生计资本的影响可以将群集成员分为两类:第一类为塔河、乌尔旗汉、克一河;第二类为十八站。

表 6 –9　群集成员

群集成员	
案例	2 群集
1 塔河	1
2 十八站	2

表 6－9(续)

群集成员	
案例	2 群集
3 乌尔旗汉	1
4 克一河	1

群集数图,如图 6－5 所示。

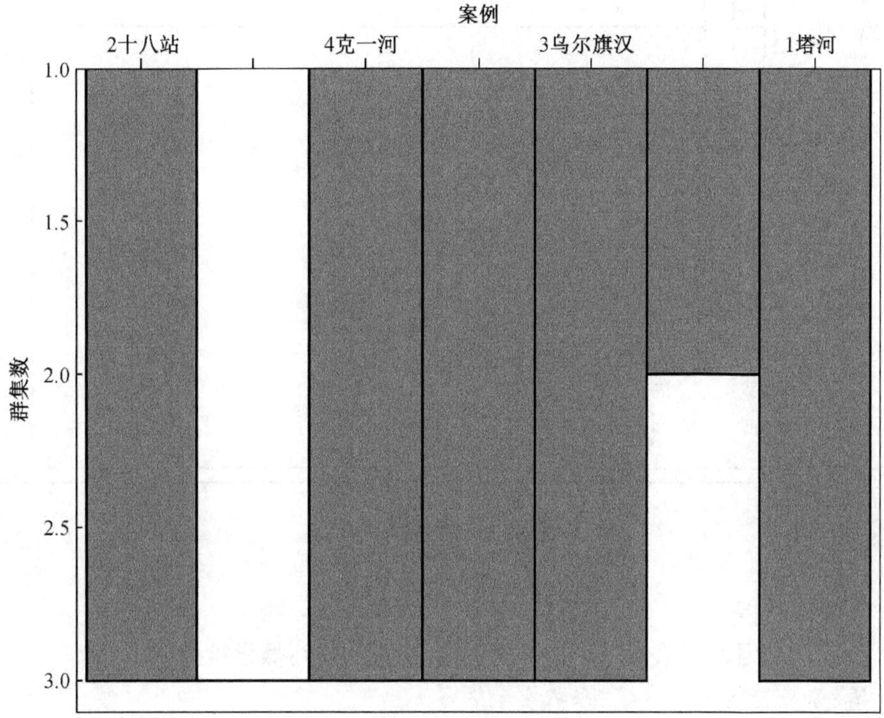

图 6－5　群集数图

聚类树状图,如图 6－6 所示。

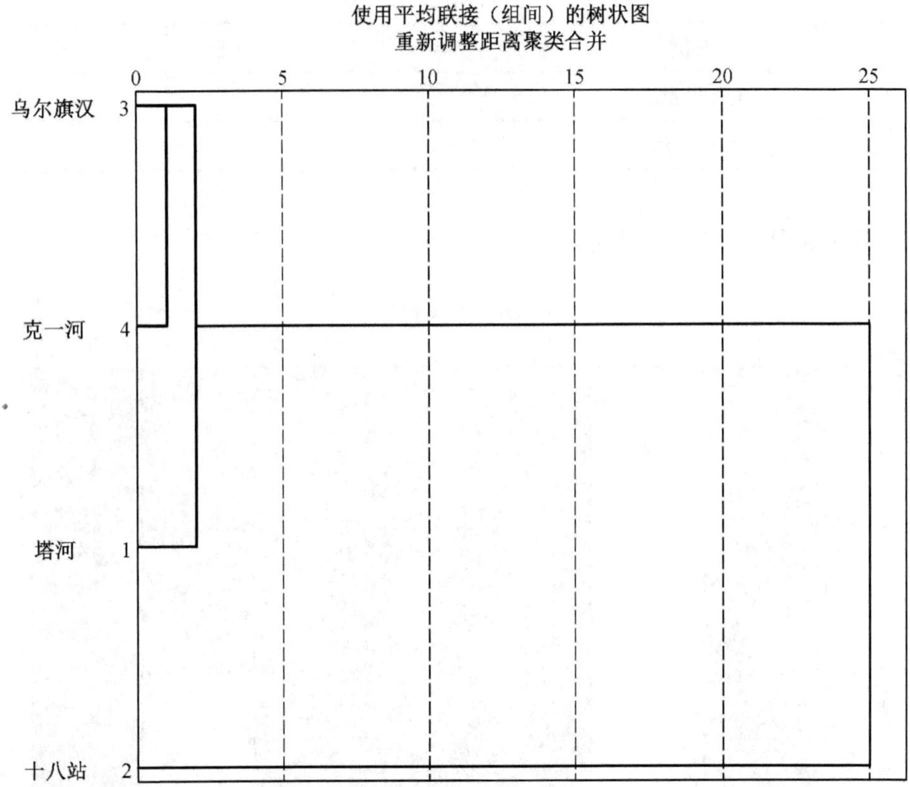

图 6－6　聚类树状图

3. 线性分析

检验 5 个因素与总值之间是否满足线性关系,进行假设检验。

H_0:系数全为零　　H_1:系数不全为零

系数见表 6－10。

由模型 1 和模型 2 可知,对应的 p 值均大于 0.05,故接受 H_0,即线性系数全为 0,模型 1 和模型 2 不存在。

表 6-10　系数表

系数[a]						
模型		非标准化系数		标准系数	t	Sig
		B	标准误差	试用版		
1	（常量）	0.721	1.125		0.641	0.587
	人力资本	3.050	2.697	0.625	1.131	0.375
2	（常量）	0.547	1.608		0.340	0.791
	人力资本	3.351	3.748	0.686	0.894	0.536
	自然资本	2.989	9.271	0.247	0.322	0.801
3	（常量）	-40.287	0.000		—	—
	人力资本	15.617	0.000	3.198	—	—
	自然资本	108.936	0.000	9.018	—	—
	金融资本	55.052	0.000	8.532	—	—

注：a. 因变量：总计。

由表 6-11 可知，在进行线性模拟的时候排除了影响因素社会资本和物质资本。故在之后的线性模拟中不考虑这两个因素。

表 6-11　排除的变量

已排除的变量[d]						
模型		Beta In	t	Sig	偏相关	共线性统计量
						容差
1	自然资本	0.247[a]	0.322	0.801	0.307	0.938
	金融资本	-0.174[a]	-0.228	0.857	-0.223	0.999
	社会资本	0.878[a]	3.636	0.171	0.964	0.736
	物质资本	0.886[a]	3 515.795	0.000	1.000	0.777
2	金融资本	8.532[b]	—	—	1.000	0.008
	社会资本	1.036[b]	—	—	1.000	0.515
	物质资本	0.886[b]	—	—	1.000	0.704

表 6－11(续)

已排除的变量[d]						
模型		Beta In	t	Sig	偏相关	共线性统计量
						容差
3	社会资本	—	—	—	—	0.000
	物质资本	—	—	—	—	0.000

注：a. 模型中的预测变量：(常量)，人力资本。

b. 模型中的预测变量：(常量)，人力资本，自然资本。

c. 模型中的预测变量：(常量)，人力资本，自然资本，金融资本。

d. 因变量：总计。

由表 6－12 可知，模型 1 和模型 2 对应的 R_1^2 和 R_2^2 分别为 0.390 和 0.448，由表 6－12 可知模型 1 与模型 2 不存在，而且切合度也一般。由 $R_3^2=1$ 可知，越接近 1说明越切合线性关系。故可以得出关系式为

$$f(x)=15.617x_1+108.936x_2+55.052x_3-40.287$$

表 6－12　模型汇总

模型汇总				
模型	R	R^2	调整 R^2	标准估计的误差
1	0.625[a]	0.390	0.085	0.144 191 8
2	0.669[b]	0.448	－0.657	0.194 080 6
3	1.000[c]	1.000	—	—

注：a. 预测变量：(常量)，人力资本。

b. 预测变量：(常量)，人力资本，自然资本。

c. 预测变量：(常量)，人力资本，自然资本，金融资本。

2014 年东北国有林区职工家庭收入构成分析，见表 6－13。

已知，种地对应的数值为 0.00，故可以忽略种地这个因素对东北国有林区职工家庭收入构成的影响。

职工家庭收入构成影响因素柱状图，如图 6－7 所示。

表 6－13　2014 年东北国有林区职工家庭收入构成分析　　单位:元

地区	林业局收入	打工	种地	林下经营	兼业副业	退休金	政府补贴	其他	总收入
塔河	31 452.65	2 142.86	0.00	0.00	2 248.98	1 251.43	307.35	0.00	37 403.27
十八站	34 988.33	4 860.00	0.00	181.67	1 603.67	2 403.33	557.50	262.00	44 856.50
乌尔旗汉	20 872.54	4 089.83	0.00	1 162.71	1 610.17	2 003.39	1 307.05	0.00	31 045.69
克一河	22 484.48	3 936.67	0.00	975.33	16.67	3 902.00	171.00	0.00	31 486.15

注:种地收入因当地日照原因在大兴安岭地区几乎不存在。

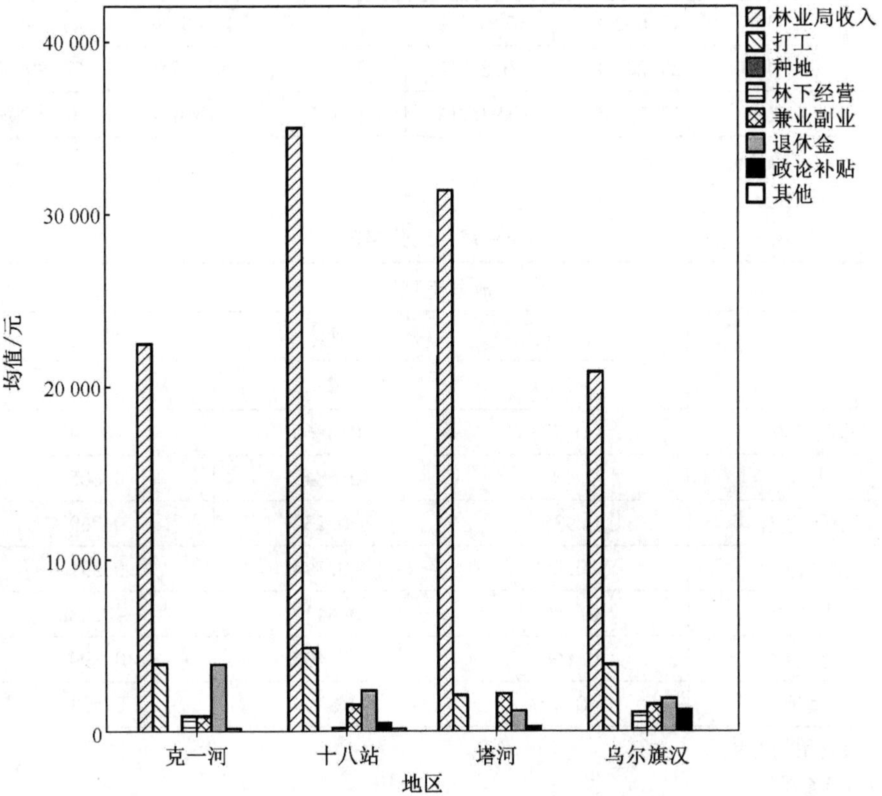

图 6－7　职工家庭收入构成影响因素柱状图

由表 6－14 职工家庭收入构成解释总方差可以得到，当提取前三个成分的时候，累积百分比已经达到100.00%，满足主成分要求，故结合表 6－14 可以得到提取的两个主成分是自然资本和社会资本。

成分矩阵，见表 6－15。

表 6－14　职工家庭收入构成解释总方差

解释的总方差						
成分	初始特征值			提取平方和载入		
	合计	方差的百分比	累积百分比	合计	方差的百分比	累积百分比
1	3.338	47.692%	47.692%	3.338	47.692%	47.692%
2	2.045	29.207%	76.899%	2.045	29.207%	76.899%
3	1.617	23.101%	100.000%	1.617	23.101%	100.000%

提取方法：主成分分析。

表 6－15　成分矩阵

成分矩阵[a]			
	成分		
	1	2	3
林业局收入	－0.873	0.486	－0.048
打工	0.407	0.684	0.605
林下经营	0.935	－0.232	0.269
兼业副业	－0.850	－0.394	0.351
退休金	0.789	0.543	－0.288
政府补贴	0.166	－0.405	0.899
其他	－0.407	0.820	0.403

提取方法：主成分分析。

已提取了 3 个成分。

由成分矩阵可以得到两个关系式，令 x_1 为林业局收入，x_2 为打工，x_3 为林下经营，x_4 为兼业副业，x_5 为退休金，x_6 为政府补贴，x_7 为其他。即得到林下经营、林业局收入、兼业副业为主要影响因素的关系式 Y_1；其他、打工、退休金为主要影响因素的关系式 Y_2；政府补贴、打工为主要影响因素的关系式 Y_3：

$Y_1 = -0.873x_1 + 0.407x_2 + 0.935x_3 - 0.850x_4 + 0.789x_5 + 0.166x_6 - 0.407x_7$

$Y_2 = 0.486x_1 + 0.684x_2 - 0.232x_3 - 0.394x_4 + 0.543x_5 - 0.405x_6 + 0.820x_7$

$Y_3 = -0.048x_1 + 0.605x_2 + 0.269x_3 + 0.351x_4 - 0.288x_5 + 0.899x_6 + 0.403x_7$

主成分碎石图，如图 6 - 8 所示。

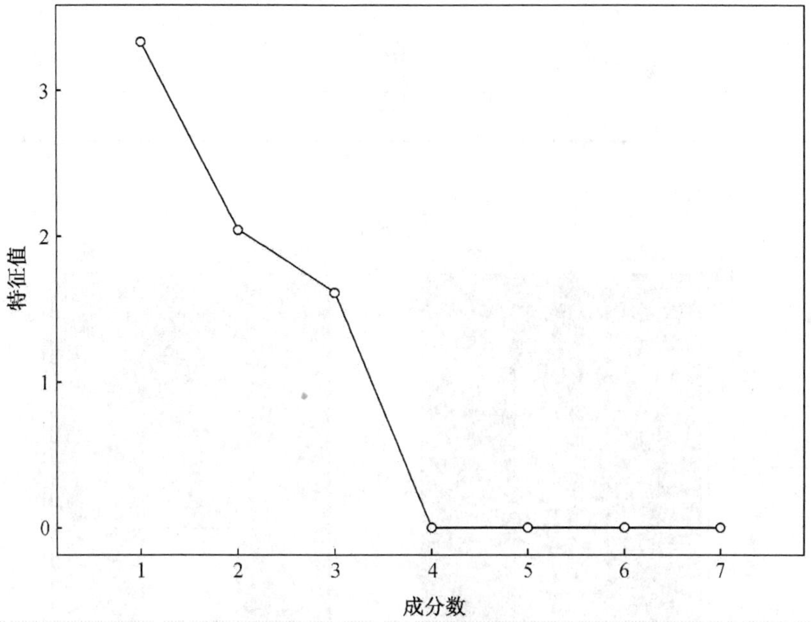

图 6 - 8　主成分碎石图

根据林业局收入、打工、种地、林下经营、兼业副业、退休金、政府补贴和其他 8 个因素对东北国有林区职工家庭收入构成的影响，可以指定将其分为两类。结果如表 6 - 16、表 6 - 17、图 6 - 9、图 6 - 10 所示。

表 6 - 16　根据职工家庭收入构成聚类

聚类表						
阶	群集组合		系数	首次出现阶群集		下一阶
	群集 1	群集 2		群集 1	群集 2	
1	3	4	10 091 491.598	0	0	3
2	1	2	21 791 404.460	0	0	3

表 6－17　群集成员

群集成员	
案例	2 群集
1 塔河	1
2 十八站	1
3 乌尔旗汉	2
4 克一河	2

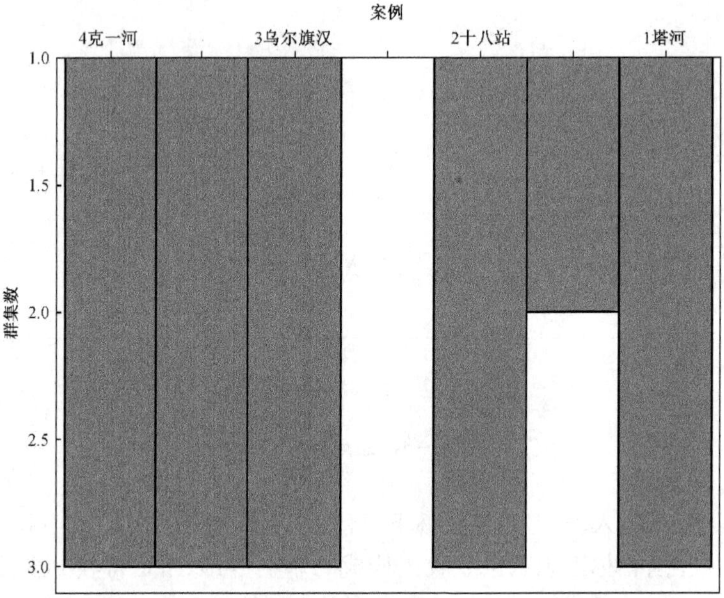

图 6－9　群集数图

由表 6－18 可知，根据对职工家庭生计脆弱性的分析，可以将 4 个地区分为两类：第一类为塔河、十八站；第二类为乌尔旗汉、克一河。

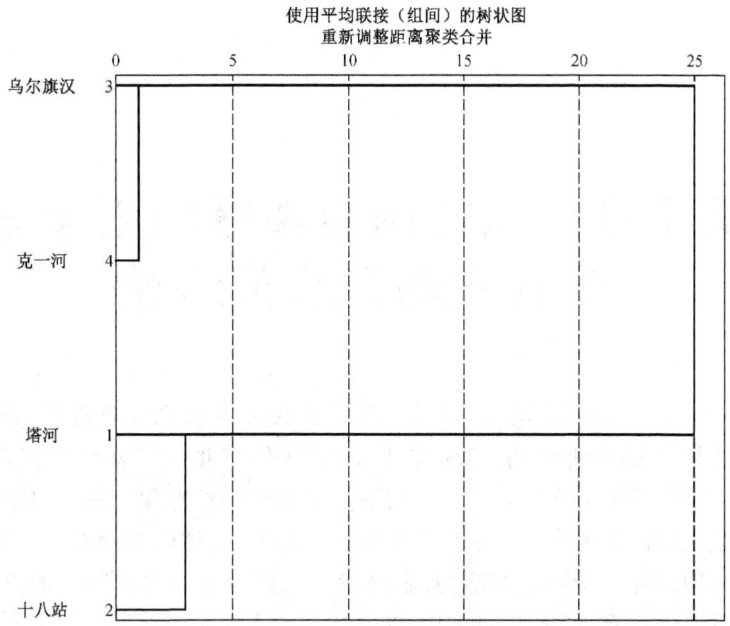

图6-10　聚类树状图

表6-18　职工家庭生计脆弱性分析

	人力资本	自然资本	金融资本	社会资本	物质资本	总计
乌尔旗汉	0.374 9	0.028 5	0.603 3	0.524 9	0.354 1	1.885 7
克一河	0.433 2	0.013 5	0.616 4	0.506 8	0.313 4	1.883 3
十八站	0.445 3	0.023	0.6	0.617 5	0.518 5	2.204 3
塔河	0.412	0	0.651 1	0.529	0.399 8	1.991 9

6.5　本章小结

通过对实证研究和数学模型的建立，寻找出对东北国有林区职工家庭生计脆弱性有重要影响的因素，并依据国内外的相关指标体系设计方法及我国这方面存在的问题，重构中国国有林区职工家庭生计脆弱性评价指标体系，运用上述问卷数据验证其普适性，作为本研究的学术成果之一进行推广和应用。

第7章　东北国有林区职工家庭生计脆弱性改善路径

中国目前对国有林区实施的主要是国家开发式扶救和安置政策、条例及因地制宜制定的相关实施细则，引导国有林区，尤其是东北国有林区职工在国家“天保”工程计划和“限伐”及2015年4月起的“全面停伐”工程计划下，因地制宜，重新组合家庭生计的五项资产，充分调动职工家庭成员、林区居民社区、当地林业主管部门及当地政府三个阶层的能力，积极参与到国有林区经济转型时期的林区家庭生计建设中来。充分利用东北国有林区特有的土地丰厚优势，大力开展农耕、种养殖等林下经济作业，带动国有林区职工家庭“停伐不停收”，不仅可以降低林区职工家庭因此产生的生计脆弱状况，还会在此政策指导及发展趋势下，使国有林区职工家庭的生计状况有本质性的改变和提高。面对经济转型和政策调整，反而提升东北国有林区的各项民生指标，促进东北国有林区职工家庭生计能力再造和生计质量的整体提升。

7.1　拓展创收渠道，增加国有林区职工家庭收入

林区职工家庭的收入问题直接影响其生计可持续能力，切实拓展创收渠道，有利于增加收入，缓解收入公平性层面我国林区职工家庭生计可持续能力。经济类指标是国有林区职工家庭生计可持续能力的动力，应增加经济类要素的投入，改善林区职工家庭收入状况，增强林户的资源拥有量。林区职工家庭的收入结构效应在林户的公平性层面效果显著，因此，应注重林区职工家庭收入的结构调整，缓解林区职工家庭间差距扩大的趋势。

通过拓展创收渠道，增加林业人的收入。在拓展创收渠道的过程中，能够改善

林区职工家庭生计资源中的金融资源和社会资源。林区职工创收渠道的增加，不仅能改善林区职工家庭的资源拥有量，还能在一定程度上促进社会公平稳定的良性发展。从林区职工家庭生计可持续能力评价的两个层面出发，应注重林区职工家庭收入渠道多样化的问题。在国有林区经济转型发展的进程中，合理地保障林业人选择最优的生计策略非常重要。对于林区职工家庭而言，面对全面停伐和林产业的现代化发展，不可避免地会重新进行创收选择，构建完善的林业人创收服务体系，拓展多元化的创收渠道是林区职工寻求可持续生计的必然路径。

积极构建完善的创收服务体系。国家对劳动和社会保障事业大力投入，构建了较为完善的创收服务体系和网络。尤其是在国有林区经济转型时期，对林业职工的一次就业、二次就业等方面给予大力的支持和保障，林区职工的创收服务体系相对处于起步、完善阶段。毋庸置疑，创收服务体系对于保障林业人创收渠道有着重要的基础性作用，也是林区职工家庭生计资产中的社会资产的重要组成部分，亦构成了金融资产的主要来源。

众所周知，经济学领域著名的“外部性”理论有正外部性与负外部性之分。创收体系的完善将会拓展林区职工的创收选择空间和渠道，也会减少林区职工家庭创收中“负外部性”对于社会的压力和影响。因此，政府应发挥市场经济中“有形之手”的调控作用，扶持“三林”信息服务项目建设，运用搭建社区创收服务平台、建立创收服务信息发布中心、召开林产业工人专场招聘会等多种形式，积极发挥创收服务体系中引导者和中介者的作用，达到调节林产业工人用工市场的目的。

科学技术引导林业现代化促进林区职工家庭多元生计。科学技术高速发展的时代，“面朝黄土、背朝天”的计划经济林业生产方式已经明显落后，“低投入、高产出”是今后林业生产的必然选择。林业现代化生产意味着林区职工家庭生计方式的多元化发展，也会提高林区职工家庭的收入水平。通常来讲，林业现代化包括林业生产的科学技术应用，林业生产信息化、机械化以及产业化发展等诸多方面。长久以来，东北国有林区林业生产的地区之间差异很大，没有一个恒久不变、全国通用的方式可循。“因地制宜、有的放矢”才是科学化发展的根本。譬如，对于规模经济效益显著的地区，可以积极开展规模化生产，加速林业机械化进程。反之，有些地区由于特殊的地理、地缘因素不适于规模农业发展，可以采取生态林业、社会林业等方式，尝试精品化林业生产的道路。合理的生产方式选择，能够更好地帮助林区职工进行生产定位，提高效率和产能，降低各种资源损耗，保障林区职工的增收渠道，还可以有效减小区域间林区职工家庭收入差距扩大的趋势，减少或杜绝区域间林区职工家庭收入差异加剧可能引起的社会不公等问题。一些地区针对区域特点，采取“离土不离乡”、林区剩余劳动力就地转移、“以工养林”的方法，不仅解决了剩余劳动力的矛盾，还切实增加了林区职工家庭的收入。

此外,在信息爆炸式发展的社会中,林业生产的信息化也将是主导林区职工家庭生计方式和水平的重要方面。一般意义上,林业生产和技术信息化是指在采购、生产、销售等环节采取信息化技术和手段为林产业经营管理服务的过程。一直以来,林业技术和生产的“信息不对称”是制约林业发展的主要因素之一,“丰收悖论”是很多林区职工家庭都曾遭遇过的事情。因此,政府、企业应该建立相应的公共信息平台帮助林区职工掌握市场供给、需求信息,合理调节供求关系是引导林产业多元化生产和创收的有效途径。

合理帮扶企业提高林区职工家庭创收安置。传统林户靠天生产,收入方式较为单一。新型林产业职工突破过往模式,成为“有文化、会技术”的新一代林业工人,一些善于经营的还成了“林商”。众多乡镇企业的起步不仅丰富了中小企业的经营和发展模式,还带动大量国有林区剩余劳动力的转移。国家可以出台相关的法律法规保护林业职工到企业创收的权益,地方政府可以给予适当的优惠措施、政策倾斜等鼓励企业尤其是乡镇企业就近吸纳年富力强、有一定技术的林产业职工加入到企业进行生产性工作,提高当地资源利用效率。对于具有创业意愿的新型林业职工,给予资金的支持和政策的鼓励,这不仅可以加速传统林业职工向新型林产业工人的转变,还可以科学地、有效地改善社会资源、金融资源的分配。目前社会脆弱性的研究重点多集中在影响因素分析和脆弱性程度的定量评价方面,对于社会脆弱性的减缓对策与调控手段等实践和应用研究内容较为薄弱。未来应在理论研究基础上,进一步加强社会脆弱性的实践和应用研究,重点关注社会脆弱性变化趋势的预测与情景分析,降低社会脆弱性的对策和提高社会系统应对能力的措施等,为社会可持续发展提供科学决策依据。

7.2 重构社区社会资本,积累生计资本

帕特南认为,社会资本是一种组织特点,像其他资本一样,社会资本也是生产性的,它使某些目的的实现成为可能。社会资本通过合作、促进,从而提高了社会所参与事件的效率。社会资本发挥功能的空间主要是非正式支持网络和自然支持网络所涵盖的领域,其中包括家庭、家族、亲戚朋友、基层组织共同体中包含的支持关系以及同非营利机构(主要指民间组织)建立的信任和支持关系所涉及的领域。目前,我国国有林区居民和职工往往只是通过个人和家庭非正式关系网来获得社会支持和帮助,政府组织的社会资本职能作用仍然非常有限。

对于国有林区的职工家庭来说,导致目前他们生活品质下降、生计无法可持续的原因之一就是其生计能力的缺失。要使社区各家庭能够实现生计上的可持续,

就需要对其社会资本进行重构和积累。而社区便是这些社会资本的组织者,也是参与者。对于社区来说,要从以下几方面对社会资本的重构和积累进行完善:首先,培育和引导社区里职工家庭成员的社区参与性。要提高个人社会资本,必须使社区成员成为社区建设的主体,构建以社区议事会等形式为代表的社区参与平台,调动社区成员广泛参与的积极性。其次,培育社区信任网络和信任体系。在一个普遍信任感较强、人们自愿在信任和互惠的基础上从事生产和生活活动的社会中,交易成本无疑要小得多,这个社会也就因此会更有效率。最后,培养社区全体成员的价值观,完善社区各项规范规制。社区规范是社区社会资本的重要组成部分,而它也是社区成员在共同价值观和利益的基础上形成的行为准则。完善的社区规范有助于对社区信任网络的维护,从而提升社会资本的效率。

在现代经济社会发展中,信息占据越来越重要的位置,成为林业经济发展的重要载体。以信息化、网络化、全球化为特征的新经济正在迅速崛起,其价值核心是信息资本。因此,应将信息作为影响生计的重要资本,纳入到林区职工家庭的生计资本当中,这有利于发展非林生计,使林区职工家庭适应林产业经济的转型和市场经济的发展潮流。信息资本通过互联网等手段获取社会各个领域的信息,通过信息识别处理,提取有用的信息并转化为资本,使国有林区职工家庭生计良性循环,为林业经济发展创造利润。为了解决国有林区职工的信息不对称问题,需尽可能缩短其获取信息的时间,降低其获取信息的成本。联合国粮农组织推出的“农村生计”方案,其核心是通过缩小居民家庭获取信息的鸿沟促进信息对称,宗旨是以人为本,通过多层次、可持续、动态的方式逐步实现减贫和发展。这对东北国有林区职工家庭生计资本的积累和发展,降低职工家庭生计脆弱程度也有很大的借鉴之处。“林区职工生计”政策上的框架主要包括七个方面:一是信息内容本地化;二是着重利用现有的系统和政策;三是强调多样性、多元化;四是能力建设;五是确保公平接入和赋权;六是健全合作网络体系和双向信息流平台;七是技术上采取切合实际的方法。

对于国有林区职工家庭来说,对本地信息的信任度高于外来信息,即使可以做出说明和解释,林区职工一般还是不会相信这些方案或贸然采用。因此,将与其密切相关的信息本地化是重点,比如气象信息、林业生态学、销售和加工等。虽然互联网和有线电视在中国林区逐渐开始普及,但是目前的技术水平和普及率仍然偏低,面向本地内容的信息开发仍然有很大的空间。信息内容的本地化需从两个方面着手:首先,需要林区职工详细了解本地的信息内容;其次,需要提高本地信息制作的综合能力,为本地乃至全国、国际范围的林区职工提供切实有效的信息。政府在这一方面发挥着至关重要的作用。需要强调的是,在政府机构间建立通信网络比健全互联网信息内容更为重要。

1. 利用现有的系统和政策

有些信息系统建设过于庞杂,设计并不一定非常符合实际需要。信息系统的设立忽略使用的基本组织和单位,会导致两类问题:一是试图建立新的通信系统,而不思对现有系统进行优化和强化;二是基层组织对政策缺乏应有的理解,从而影响管制。发展中国家在互联网基础上建立的信息系统或多或少都存在风险。这样不但会减弱现有系统的丰富性,也对后面的系统建立产生极大障碍。调查分析显示,为特殊用户提供特殊信息的最有效的方式就是简单、易行,建立在现有通信和数据收集系统上,减少不同层面间的边界,对社区内部所有权、互联网、可持续性以及信息文化等问题的解决都具有积极的影响。本地知识和外部知识的有效结合,可直接使贫困人口受益。关于信息流,传统的单向信息流应适当转变,应从信息丰富的中心向欠发达、落后的边远山区以及信息匮乏的社区扩展。信息流在每个层面上都应该是双向的,应以动态信息的共享合作为基础。

2. 技术上采用现实的方法

信息技术虽然在东北国有林区职工家庭生产和生活中得以应用,但偏远地区的职工家庭仍然没有太多机会享用这些信息,所以“林区生计”的主要受益人应该被界定为生计脆弱性较高的相对贫困的人口和家庭。信息和通信方式所采用的技术要具有可操作性,不同系统间的信息置换应该具有兼容性。所以应该本着实用的原则,在信息技术的选择上,参照其他发达国家的成功案例,使用现有的技术,缩小偏远林区与城市之间互联网技术应用的差距。这些技术包括林区无线、高频无线、互联网亭等。项目实施的长期资金投入是一个非常重要的信息成本元素。信息通信基础设施的投资成本很高,但不难计算,难的是为贫困职工家庭提供信息的实际和隐形成本的计算,当然还包括社会和经济成本。信息提供者补偿成本的能力、用户的支付能力以及获益性,都是影响信息业务可持续性的因素。在考虑管制问题时,项目实施的长期资金是重要元素,进而明确公共商品是否需要管制,这也是管制上的另外一种思考。目前,有一种思路是:林区信息和林业发展被认为是全球范围内的公共商品,应当免费为所有人提供服务。随着经济的发展又出现了另一种完全相反的思路:投资者,包括政府应将发展的重点从公共领域转向私人领域,认为林业扩展业务和信息应向私人部门提供有偿服务,如果按照这种思路,林区职工家庭的生计成本增加,将不能获得健康安全等方面的生计发展。

3. 注重高新技术的引入

现代林业在林业生物技术、林业信息技术、林业新能源技术、林业新材料技术、林业海洋技术等相关领域发展较为迅速。林业高新技术的引入,有利于提高林业生产效率,提高林区职工抵抗灾害的能力。东北国有林区的职工采用林业新能源技术,利用林下经济作物的稻秆等废弃物发酵技术产生沼气,并将其转化为电能,解决林区居民的生产、生活用电问题。林业新材料技术中的塑料薄膜技术，可以减少林业灌溉的次数，节约用水，提高水资源的利用效率。在林区发展建设中，要注重高新技术的引入，这些高新技术不仅能提高现有资源的利用效率，还能发掘新的能源为东北国有林区的发展所用。

4. 加大技术资源的投入

学者格瑞林切尔斯和克鲁格曼在科学技术的扩散和空间距离相关性之间的研究中提出，应该注重技术扩散速度与空间距离递减的关系。国内学者黄学亮等认为，东北国有林区的科学技术进步主要依靠城市向林业技术溢出的效应和林业地区自主研发创新的能力。然而，研究表明，中国林业技术吸收能力和地区自主创新能力明显不足，制约着国有林区的进一步发展。而且，东北国有林区居民素质偏低等因素阻碍了科学技术的引入和使用。因此，政府应该摆正林区发展的方向，加大对林业地区的资金投入、技术引导、人员培训等多种形式的技术资源投入，从根本上加强林业生产和发展技术的吸收消化能力，鼓励林区转制的职工自主创新。同时，大力支持社会组织、企业或个人对林区技术资源的投入，利用社会资源不断改善林区的技术资源。最终，促进城市与林区间技术的扩散，实现林业经济和社会的协调发展。

无论在发展中国家还是在发达国家，片面通过技术手段追求生产效率均有可能降低国有林区居民家庭生计的可持续性与公平性。因此，完善、规范技术投入制度被视为提高林业居民家庭生计可持续性以及公平性的有效保障。在注重高新技术的引入和加大技术资源投入的同时，应进一步完善技术投入的制度体系。加大林区的技术资源和资金的投入，建立相应的法规、制度，对于合理、高效地使用政府、社会给予的技术资源或资金具有重要保障意义。明确资源的使用途径、使用方式等规定，对技术资源和资金投入实现有效的监管，避免因为规则、制度的不完善，造成资源配置的效率低下。完善的制度体系，严格实施的规章制度为林区技术资源的有效利用、林业经济的健康发展保驾护航。在改善中国林区技术资源引入的过程中，要注重高新技术的引入，加大技术资源投入，完善技术投入的制度体系。东北国有林区正在推行林业高新技术及产业化的发展模式，实施技术资金投入制度化的措施有利于推进我国现代林业、生态林业的发展，提升林区职工家庭生计可持续能力。

7.3 加强教育和培训,提高林区职工生计能力

教育和培训是从两个不同视角提高林区职工的生计能力。教育具有明显的普及性、科普性,以传授一般性科学文化知识为主,面向更为广泛的学习主体;培训则针对性更强,且时间上相对普及性教育而言更短,培训形式更为灵活多样。针对东北国有林区职工家庭的特点,应当加大基础教育投入,大力发展职业教育,提高职工及其家庭成员的基本素质。一直以来,东北国有林区的教育普及程度相对于发达地区较为落后,这不仅表现在当地高等院校的学历教育上,在基础教育层面也存在缺失和不足。比如,东北国有林区中还有一些相对偏远和落后地区办学设施较差、民办师资水平低,这些都制约着林区教育水平的提高。因此,应当加大基础教育方面的投入和建设,尤其是林区基础普及教育制度的进一步完善。继续鼓励和支持中等、高等职业技术教育的推广和发展,职业技术是传统高等教育发展的补充和完善,也是国有林区职工获得更好的生计技能的有效途径之一。最近几年,中国在林区开展有针对性的职业技术教育方面进行了大量的、有益的探索,客观上提高了人们对于职业技术教育的认可程度,也使学生更愿意参与职业技能的学习和实践。

7.4 建立林区职工家庭生计安全评估和预警机制

建立和健全林区职工家庭生计脆弱性预警系统。对生计脆弱评价研究的不断深入,必然涉及预警系统,用以实现对职工家庭生计可持续发展的动态监测。生计安全预警研究是防范国有林区职工家庭生计脆弱性发生的重要手段,它是以区域职工家庭信息及其他相关资料为基础,通过各种方法,分析生计安全系统指标的变化,发现并将可能面临的生计风险及时报告给利益相关主体,分析导致风险的可能性因素,以促进利益相关主体早做准备或采取对策,使职工家庭免受损失的一种活动。安全预警能够对生计系统的发展动态展开一整套监测、评价、预测和政策选择的理论和方法体系。它是一种分析方法,能够对林区职工家庭生计脆弱性系统偏离可持续发展预期状态发出预警。生计脆弱性预警主要包括以下三个方面。

1. 预警指标的选取

在影响职工家庭生计脆弱性的众多因素中,各个影响因子之间发生着各种复杂的关系。所以建立一套完整合理的预警指标体系是建立生计安全预警系统的首要步骤。按照体系的复杂程度可以把指标体系分为三级。参考生计脆弱性评价指标体系及相关研究,来确定指标的可行性和可用性。

2. 预警模型的确定

预警模型是建立预警机制的重点和重要步骤。实证研究的主要目的就是为了寻求有效的关系,建立预警模型以获得未来发展趋势。预警模型可以通过对过去样本的预测来检验模型的有效性。

3. 配套调控措施

建立了具有可操作性的预警系统,不能只停留在实证研究的层面,通过生计系统监测预警评价获得数据,对已发生的和可能发生的警情要采取应对措施。对现有的警情加以排除,并预防未来可能发生的风险。建立生计安全预警系统的目的是监测各个子系统,对指标能否完成进行有效的管理。职工家庭生计水平为政府制定下一步发展策略提供依据,同时更好地监测各个子系统及指标能否达标,并进行有效的管理。

建立林区职工家庭生计风险的防范机制,职工家庭要依靠非正规规避机制来规避风险,如家庭关系网络内的风险统筹、跨时期转移收入和采取保守的生产经营活动等。随着市场经济的不断深入发展,传统伦理思想对林区居民的禁锢逐渐弱化,独立自主的经济意识逐渐增强,进而使跨时期转移收入在职工家庭风险规避中发挥了重要的作用,家庭关系网络内统筹的作用反而不明显。但是,跨时期转移收入的作用发挥受到了相当大的限制,其主要原因:一是受到正式信贷市场流动性的约束;二是民间信贷市场处于“非法”状态。因此,为了规避风险,在林业生产经营中往往选择较为保守的生产技术和经营方式,但是这种规避方式不仅无法规避生活方面的风险,而且降低了中国林业的比较利益。发展林区生计项目的目标是向绝对低收入和生计脆弱性程度高的职工家庭提供他们最需要的帮助,试验和探索更有效的具有创新性的救助方式,产生更有效的扶贫影响示范。通过将项目资金下放到社区一级,赋权社区来决定资金用途,从而实现项目目标。另外,通过改善居住条件,提供就业和其他培训,改善卫生和其他社会服务的提供,项目将帮助林区产业工人改善就业、增加收入。赋权低收入社区,改善其可持续生计发展的战略选择是项目的核心内容。通过采用创新性的参与方式,提供在赋权社区存在的积极效果和潜在风险方面的可靠经验,为创新有效的扶贫方式提供重要借鉴。

赋权是核心理念。即提高个人和群体能力,主动做出选择,并转化成期望的行动和结果的过程。其核心是同时建立个人和集体资产行为,提高资金使用的有效性和公平性。赋权的条件是通过一个机会结构，使人们将资产转化为有效的媒介。传统的扶贫措施关注资源和服务。赋权，引入了选择和机会，认识到提高贫困人口的“谈判地位”是扶贫获得成功的关键。赋权是政府治理的途径，通过社区自主管理的模式将项目和管理权下放给社区。

另外，还应加强与脆弱性相关的适应性研究。随着人与环境相互作用关系的深化与复杂化，脆弱性后果有时难以避免，通过社会系统自身调整以适应脆弱性影响，进而提高社会系统适应能力与可持续发展能力，也是社会脆弱性减缓与调控的关键。脆弱性和适应性作为“人－环境”耦合系统的关联性主题，是当前地理学关注社会问题和环境问题的重要出发点，而当前地理学对社会适应性的关注明显不足。因此，整合社会脆弱性与适应性分析框架，制定社会适应性对策，探讨社会适应能力建设路径，也是进一步研究降低社会脆弱性、促进人地关系协调与社会可持续发展的重要课题。

第一，东北国有林区职工家庭生计脆弱性的多维分析为生计脆弱性治理提供一个很好的研究视角。对于国有林区职工家庭的生计状况而言，低收入林户的生计一定是脆弱性的，但林户生计脆弱程度如何，这对于理解东北国有林区职工家庭生计脆弱的发生和发展具有重要意义。

第二，从脆弱性概念来看，由于系统本身的特征，在自然、社会、文化等因素作用下，容易受到冲击。东北国有林区职工家庭生计脆弱性分析离不开对其各个指向对象的抗逆力分析，因为抗逆力的大小影响脆弱性施加影响的度。脆弱性与抗逆力以及产生脆弱性的五大资本中的各个元素之间是一对不可分割的螺旋体。

第三，在中国最大的国有林区——东北国有林区，尤其是全面限伐的经济转型时期，脆弱性十分明显，而且呈叠加状态。因此在林区职工家庭生计脆弱性的治理当中，不能忽视东北国有林区职工家庭生计脆弱性的背景，不能简单地说这一区域的职工家庭生计脆弱性是一个静态的量，更不容忽视林户自身以及社区和政府的抗逆力量，只有将其纳入其中，才能更清晰地认识该区域职工家庭生计脆弱性本身。

第四，东北国有林区有其特有的政治、社会、历史文化、生态环境特点。政府在生计脆弱治理中，需要因地制宜，开展扶助工作。在以林户为主体的多元抗逆力中，林区政府部门必须是主导，政府既要直接指导林户和社区，增加林户生计资本、提升社区力量，也要注重东北国有林区职工家庭生计脆弱环境，这也是由该地区职工家庭生计脆弱性本身与人文因素的交互作用特点决定的。

第五，从当前的东北国有林区的林户生计脆弱状况来看，政府的抗逆措施对该地区居民家庭的生计状况产生了较好的效果，也获得了当地居民的认同。但是从调研的实际情况来看，政府的政策支持力度仍然不够，林区的教育资源和总体水平不高,基础设施不健全,部分相对偏远的林场居民生计与健康状况堪忧。政府还需继续完善瞄准东北国有林区建设和发展的政策和措施,深入国有林区开展扶贫调研,加大扶救工作力度,尤其是提高东北国有林区的教育水平,提升人力资本,从根本上改善东北国有林区职工家庭生计脆弱状况。

7.5　完善医疗资源、医保体系,保障林区居民的健康权益

均衡东北国有林区的医疗资源,提高国有林区医疗基础设施。东北国有林区经济转型的发展从某种意义上说其实也是一个缩小林区与城镇差距、均衡各种优势资源的过程。医疗资源过度集中于大城市尤其是个别发达城市的现象已然成为影响社会资源公平分配的问题之一。近年来,林区基础医疗设施落后以及医生水平有限等问题,使林区职工无法享受到优质的医疗资源。在基础医疗设施方面,总体设施明显落后,有些地区甚至缺少必要的医疗器械,对于医生而言,“巧妇难为无米之炊”。这些问题的存在或多或少地表明我们在医疗卫生资源的物力、人力投入上有限,以及监管上存在缺失。因此,各级政府应当合理调配医疗资源,加强对农村医疗基础设施的投入和建设,从物质层面保障医疗资源。适当给予政策倾斜,吸纳优秀医务人员走进农村工作,调节城乡医务人才的“供需矛盾”,并且定期聘请优秀的专家给予专业指导,在人才层面保障农村的医疗资源。

完善医疗保障体系,减轻林区职工就医负担。仅仅拥有较好的医疗资源还是不够的,如果没有完善的医疗保障体系,“看病难,看不起病”依然是困扰林区职工的大问题。经过多年的努力,东北国有林区已经构建起较为完善的医疗保险、保障体系,大多数职工可以享受到城镇医疗保险和新型林业合作医疗的“双重保障”。其实,城镇医疗保险和新型林业合作医疗在一定程度上属于基本保障,还有诸多保障的“真空地带”没有涉及。地方政府可以根据当地经济发展水平、财政收支、人口构成等实际状况,适当调整其医疗保障覆盖范围,适度提高报销比重,扩大林区职工医疗保障权益,切实减轻林区职工就医负担。此外,还可以借鉴发达国家的经验,鼓励林区职工结合自己的实际情况购买相应的商业保险来补充普通的医疗保障,最大限度地保护自身的健康权益,从而提高人力资源的素质,保障生计的可持续能力。

7.6 东北国有林区职工家庭生计脆弱性的政府干预政策探讨

当前的主流理论认为，经济增长对降低各种脆弱性形成的风险和冲击起到核心支撑作用(Bourguignon、Kraay、汪三贵、胡鞍钢等)。因此，各种国际组织和大多数发展中国家都相应建立起以经济增长为基础的降低各种脆弱性风险，尤其是居民家庭脆弱性风险的政策体系，世界银行、国际货币基金组织和联合国开发计划署等分别推出的是经济全球化一体化、资本市场和贸易自由化、对外援助等国际扶救政策；在发展中国家中，孟加拉国等南亚国家重点推出的是小额信贷资金扶救政策，从而帮助生计能力和生计脆弱性相对高些的居民家庭发展经济、提高生活质量、降低家庭生计脆弱性风险，减少产生家庭生计脆弱性的各种因素；中国目前对国有林区实施的主要是国家开发式扶救和安置政策、条例及因地制宜制定相关实施细则，引导国有林区，尤其是东北国有林区职工在国家“天保”工程计划和“限伐”及2015年4月起的“全面停伐”工程计划下，因地制宜，重新组合家庭生计的五项资产，充分调动职工家庭成员、林区居民社区、当地林业主管部门及当地政府三个阶层的能力，积极参与到国有林区经济转型时期的林区家庭生计建设中来。充分利用东北国有林区特有的土地丰厚优势，大力开展农耕、种养殖等林下经济作业，带动国有林区职工家庭“停伐不停收”，不仅可以降低林区职工家庭因此产生的生计脆弱状况，还会在此政策指导及发展趋势下，使国有林区职工家庭的生计状况有本质性的改变和提高，面对经济转型和政策调整，反而提升东北国有林区的各项民生指标，促进东北国有林区职工家庭生计能力再造和生计质量的整体提升。

7.7 本章小结

本章是课题研究的结束部分。针对以上东北国有林区职工家庭生计脆弱情况，从背景、现状、因素分析、实证研究及评价方面寻找解决问题的路径和办法，为改善林区职工家庭，特别是东北国有林区职工家庭生计脆弱状况，提出相应的对策和建议。

结　论

本书从国内外有关生计脆弱性研究综述出发，将脆弱性引入对东北国有林区职工家庭生计的定义、运行机理、影响因素分析、建模实证研究及相关改善政策和建议措施的研究中，对东北国有林区职工家庭的生计脆弱状况、形成的原因、作用机理及对东北国有林区职工家庭生计脆弱性未来趋势的预测，给出相应的建议和对策。研究主要取得了以下成果：

(1)通过把脆弱性引入国有林区职工家庭生计研究，揭示了东北国有林区职工家庭生计脆弱性的起源和本质，丰富了中国国有林区职工家庭生计脆弱性研究的基本理论。研究从脆弱性理论、福利经济学理论及社会学理论出发，对东北国有林区职工家庭的生计脆弱状况、形成的原因、作用机理及对东北国有林区职工家庭生计脆弱性未来趋势的预测，给出相应的建议和对策，丰富了国有林区职工家庭生计脆弱性研究的基础理论。

(2)重构了国有林区职工家庭生计脆弱性监测体系与评价指标体系。以此助力社会发展过程中国有林区职工家庭生计政策，尤其是东北国有林业政策的制定者在制定政策时提高理性和预见性，更好地寻找理论支持和实证考据。东北国有林区职工家庭生计脆弱性与当地的经济发展水平和速度并不完全重合，这有利于对东北国有林区各省份林业职工家庭生计脆弱性程度的确定和对扶贫对象的瞄准。

(3)提出了东北国有林区职工家庭生计脆弱性的模型解释。本书通过运用作者深入东北国有林区职工家庭抽样调查得到的生计状况的第一手数据，应用英国国际发展部(DFID)的生计分析框架，辅之以 SPSS 17.0 版统计软件，对东北国有林区职工家庭的生计脆弱状况、形成的原因、作用机理、对东北国有林区职工家庭生计脆弱性测度及对未来趋势的预测，给出相应的建议和对策。

本书的创新之处有以下三个方面：

(1)首次运用 DFID 分析框架针对东北国有林区居民家庭生计脆弱性进行深刻的多维研究，即以“脆弱性理论－可持续生计理论－脆弱性抗逆力理论”形成的三维分析框架为理论基础，丰富了生计脆弱性理论和范式。

(2)运用英国国际发展部的可持续分析框架,把林下经济作为重要影响因素之一,引入东北国有林区经济转型时期对林区职工家庭的生计脆弱性研究中,对区域职工家庭生计脆弱性研究得相对全面而深入。

(3)重构了东北国有林区职工家庭生计脆弱性评价指标体系,并应用参考性和实践性很强的职工家庭生计原始数据验证其普适性,并将其作为学术成果在中国国有林区推广应用,促进中国国有林区职工家庭生计脆弱性研究。

脆弱性研究,尤其是对中国国有林业经济转型后东北国有林区职工家庭生计脆弱性的研究,有助于改善未来继续存在的生计波动的趋势,降低东北国有林区职工家庭的生计脆弱性,减少本区域因人力资本积累不足而带来的不利影响,制定消除林业职工家庭相对贫困的政策和战略,引领中国林业经济发展,使调整和转型过程中的林业民生事业进入新的历史阶段。

应对和管理冲击及响应方面信息的缺失,是当前可得数据的一个普遍存在的缺陷。因此,完善抽样调查,积累全面、有效的历史信息,获得持续的高质量面板数据是未来国有林区职工家庭生计脆弱性研究领域的一项长期、艰巨却又势在必行和非常有现实意义的工作。对于未来在生计脆弱性的研究方向上,建议在多时空尺度特征、耦合系统特征、多重扰动特征、人文特征和多角度影响因素等方面做些突破性应用研究,对于生计脆弱性的理论探讨和实证研究的发展均有必要性,也是非常可行的研究方向和范式。

附　录　A

东北国有林区职工家庭生计状况入户调查问卷

样本编码	林业局（县）	林场或居住地	被访人姓名	被访人电话	调查员姓名	调查日期	审核员姓名	审核日期	录入员姓名	录入日期

附 录 B

东北国有林区职工家庭生计状况入户调查问卷

购买良种					购买化肥				
供给是否收费	收费标准	提供主体	满意程度	需求程度	供给是否收费	收费标准	提供主体	满意程度	需求程度
0 = 否； 1 = 是	元	1 = 政府； 2 = 林业局； 3 = 技术推广部门； 4 = 合作组织（协会）； 5 = 龙头企业； 6 = 科研教育单位； 7 = 其他民间主体	1 = 不满意； 2 = 较不满意； 3 = 一般满意； 4 = 比较满意； 5 = 满意	0 = 不需要； 1 = 需要	0 = 否； 1 = 是	元	1 = 政府； 2 = 林业局； 3 = 技术推广部门； 4 = 合作组织（协会）； 5 = 龙头企业； 6 = 科研教育单位； 7 = 其他民间主体	1 = 不满意； 2 = 较不满意； 3 = 一般满意； 4 = 比较满意； 5 = 满意	0 = 不需要； 1 = 需要

（续1）

购买农机					购买农药				
供给是否收费	收费标准	提供主体	满意程度	需求程度	供给是否收费	收费标准	提供主体	满意程度	需求程度
0＝否； 1＝是	元	1＝政府； 2＝林业局； 3＝技术推广部门； 4＝合作组织（协会）； 5＝龙头企业； 6＝科研教育单位； 7＝其他民间主体	1＝不满意； 2＝较不满意； 3＝一般满意； 4＝比较满意； 5＝满意	0＝不需要； 1＝需要	0＝否； 1＝是	元	1＝政府； 2＝林业局； 3＝技术推广部门； 4＝合作组织（协会）； 5＝龙头企业； 6＝科研教育单位； 7＝其他民间主体	1＝不满意； 2＝较不满意； 3＝一般满意； 4＝比较满意； 5＝满意	0＝不需要； 1＝需要

（续 2）

机耕					收割				
供给是否收费	收费标准	提供主体	满意程度	需求程度	供给是否收费	收费标准	提供主体	满意程度	需求程度
0 = 否； 1 = 是	元	1 = 政府； 2 = 林业局； 3 = 技术推广部门； 4 = 合作组织（协会）； 5 = 龙头企业； 6 = 科研教育单位； 7 = 其他民间主体	1 = 不满意； 2 = 较不满意； 3 = 一般满意； 4 = 比较满意； 5 = 满意	0 = 不需要； 1 = 需要	0 = 否； 1 = 是	元	1 = 政府； 2 = 林业局； 3 = 技术推广部门； 4 = 合作组织（协会）； 5 = 龙头企业； 6 = 科研教育单位； 7 = 其他民间主体	1 = 不满意； 2 = 较不满意； 3 = 一般满意； 4 = 比较满意； 5 = 满意	0 = 不需要； 1 = 需要

（续3）

采摘					运输				
供给是否收费	收费标准	提供主体	满意程度	需求程度	供给是否收费	收费标准	提供主体	满意程度	需求程度
0 = 否； 1 = 是	元	1 = 政府； 2 = 林业局； 3 = 技术推广部门； 4 = 合作组织（协会）； 5 = 龙头企业； 6 = 科研教育单位； 7 = 其他民间主体	1 = 不满意； 2 = 较不满意； 3 = 一般满意； 4 = 比较满意； 5 = 满意	0 = 不需要； 1 = 需要	0 = 否； 1 = 是	元	1 = 政府； 2 = 林业局； 3 = 技术推广部门； 4 = 合作组织（协会）； 5 = 龙头企业； 6 = 科研教育单位； 7 = 其他民间主体	1 = 不满意； 2 = 较不满意； 3 = 一般满意； 4 = 比较满意； 5 = 满意	0 = 不需要； 1 = 需要

（续4）

收购与销售					加工				
供给是否收费	收费标准	提供主体	满意程度	需求程度	供给是否收费	收费标准	提供主体	满意程度	需求程度
0 = 否； 1 = 是	元	1 = 政府； 2 = 林业局； 3 = 技术推广部门； 4 = 合作组织（协会）； 5 = 龙头企业； 6 = 科研教育单位； 7 = 其他民间主体	1 = 不满意； 2 = 较不满意； 3 = 一般满意； 4 = 比较满意； 5 = 满意	0 = 不需要； 1 = 需要	0 = 否； 1 = 是	元	1 = 政府； 2 = 林业局； 3 = 技术推广部门； 4 = 合作组织（协会）； 5 = 龙头企业； 6 = 科研教育单位； 7 = 其他民间主体	1 = 不满意； 2 = 较不满意； 3 = 一般满意； 4 = 比较满意； 5 = 满意	0 = 不需要； 1 = 需要

参考文献

[1] Christiaensen, Boisvert. On Measuring Household food Vulnerability: Case Evidence from Northern Mali[J]. Working Papers, 2000(5): 1-32.

[2] Dhanani S, Islam I. Poverty, Vulnerability and Social Protection in a Period of Crisis: The Case of Indonesia[J]. World Development, 2004, 30(7): 1211-1231.

[3] Dilley M, Boudreau T E. Coming to terms with vulnerability: a critique of the food security definition[J]. Food Policy, 2001, 26(3): 229-247.

[4] Gebauer P, Paschke K, Anger K. Seasonal variation in the nutritional vulnerability of first-stage larval porcelain crab, Petrolisthes laevigatus (Anomura: Porcellanidae) in southern Chile[J]. Journal of Experimental Marine Biology and Ecology, 2010, 386(1): 103-112.

[5] Stumpf L, Calvo N S, Pietrokovsky S, et al. Nutritional vulnerability and compensatory growth in early juveniles of the "red claw" crayfish Cherax quadricarinatus[J]. Aquaculture, 2010, 304(1): 34-41.

[6] Hadley C, Linzer D A, Belachew T, et al. Household capacities, vulnerabilities and food insecurity: Shifts in food insecurity in urban and rural Ethiopia during the 2008 food crisis[J]. Social Science Medicine, 2011, 73(10): 1534-1542.

[7] Sonwa D J, Somorin O A, Jum C, et al. Vulnerability, forest-related sectors and climate change adaptation: The case of Cameroon [J]. Forest Policy and Economics, 2012, 23(10): 1-9.

[8] Hughes S, Yau A, Max L, et al. A framework to assess national level vulnerability from the perspective of food security: The case of coral reef fisheries [J]. Environmental Science and Policy, 2012, 23(5): 95-108.

[9] Quisumbing A R. Generating evidence on individuals' experience of food insecurity and vulnerability[J]. Global Food Security, 2013, 2(1): 50-55.

[10] Few R. Health and climatic hazards: Framing social research on vulnerability, response and adaptation[J]. Global Environmental Change, 2007, 17(2): 281-295.

[11] Few R, Tran P G. Climatic hazards, health risk and response in Vietnam: Case studies on social dimensions of vulnerability[J]. Global Environmental Change, 2010,20(3):529-538.

[12] Hohmann S, Garenne M. Health and wealth in Uzbekistan and sub-Saharan Africa in comparative perspective[J]. Economics and Human Biology, 2010, 8(3):346-360.

[13] Krueger D, Perri F. Does income inequality lead to consumption inequality? Evidence And theory[J]. Review of Economic Studies, 2006, 73(1):163-193.

[14] Hall R E. Stochastic Implications of the Life Cycle-Permanent Income Hypothesis: Theory and Evidence[J]. Journal of Political Economy, 1978, 86(6):971-987.

[15] Horton S, Campbell C. Wife's Employment, Food Expenditures, and Apparent Nutrient Intake: Evidence from Canada[J]. American Journal of Agricultural Economics, 1991, 73(3):784-794.

[16] 徐伟,章元,万广华. 社会网络与贫困脆弱性:基于中国农村数据的实证分析[J]. 学海,2011(4):122-128.

[17] 苏飞,马莉莎,庞凌峰,等. 杭州市农民工生计脆弱性特征与对策[J]. 地理科学进展,2013,32(3):389-399.

[18] 李丽,白雪梅. 中国城乡居民家庭贫困脆弱性研究[M]. 北京:经济科学出版社,2012.

[19] 武拉平,郭俊芳,赵泽林,等. 山西农村贫困脆弱性的分解和原因研究[J]. 山西大学学报(哲学社会科学版),2012(6):95-100.

[20] 林闽钢,祝建华. 我国城市低保家庭脆弱性的比较分析[J]. 社会保障研究,2011(6):60-71.

[21] 刘红丽. 我国农村居民家庭脆弱性测度[D]. 太原:山西财经大学,2011.

[22] 黄毓,赵文祥,霍志忠. 营养科学与系统论、复杂性科学:结构营养学设想浅谈[J]. 中国保健营养月刊,2013,23(3):507-509.

[23] 郭劲光. 我国贫困人口的脆弱度与贫困动态[J]. 统计研究,2011,28(9):42-48.

[24] 李丽,白雪梅. 我国城乡居民家庭贫困脆弱性的测度与分解:基于 CHNS 微观数据的实证研究[J]. 数量经济技术经济研究,2010(8):61-73.

[25] 万广华,章元,史清华. 如何更准确地预测贫困脆弱性:基于中国农户面板数据的比较研究[J]. 农业技术经济,2011(9):13-23.

[26] 郃秀军,黎洁,李树茁. 贫困农户消费平滑研究评述[J]. 经济学动态,2008(10):106-110.

[27] 檀学文,李成贵.贫困的经济脆弱性与减贫战略述评[J].中国农村观察,2010(5):85-96.
[28] 朱俊生.农村健康保障制度中的主体行为研究[D].北京:首都经济贸易大学,2006.
[29] 米健.区域脆弱性与农村贫困研究[D].北京:中国农业科学院,2008.
[30] 赵培红.民族地区农村贫困的脆弱性分析及其治理[D].北京:中央民族大学,2009.
[31] 林洪涛,孙浩进.黑龙江省农村贫困地区农民的脆弱性风险及对策[J].东北农业大学学报(社会科学版),2006,4(1):17-18.
[32] 哈斯巴根.区域发展脆弱性研究述评[J].经济论坛,2013(2):68-70.
[33] 赵国杰,张炜熙.区域经济社会脆弱性研究:以河北省为例[J].上海经济研究,2006(1):65-69.
[34] 张国培.和谐视角下的民族地区农户贫困脆弱性研究:以西南民族地区为例[D].雅安:四川农业大学,2011.
[35] 黄建毅,刘毅,马丽,等.国外脆弱性理论模型与评估框架研究评述[J].地域研究与开发,2012,31(5):1-5.
[36] 李鹤,张平宇,程叶青.脆弱性的概念及其评价方法[J].地理科学进展,2008,27(2):18-25.
[37] 江培龙,方凤满.自然灾害脆弱性研究进展[J].防灾科技学院学报,2012,14(4):54-59.
[38] 唐为安.区域农业对气候变化的脆弱性评价[D].北京:中国农业科学院,2007.
[39] 魏婷.农户灾害脆弱性及农户对减灾措施的响应行为研究综述[J].安徽农学通报,2011,17(6):4-5.
[40] 饶丹.我国通货膨胀对农村贫困脆弱性的影响研究[D].重庆:重庆大学,2012.
[41] 张全红,张建华.中国农村贫困变动:1981—2005:基于不同贫困线标准和指数的对比分析[J].统计研究,2010,27(2):28-35.
[42] 王萍萍.中国贫困标准与国际贫困标准的比较[J].中国农村经济,2007(1):62-68.
[43] 万广华,章元.我们能够在多大程度上准确预测贫困脆弱性?[J].数量经济技术经济研究,2009(6):138-148.
[44] 黄承伟,王小林,徐丽萍.贫困脆弱性:概念框架和测量方法[J].农业技术经济,2010(8):4-11.

[45] 章元,万广华. 贫困脆弱性的预测及未来贫困与社会资本的实证研究[C]. 中国青年经济学者论坛,2008.

[46] 巴尔塔基. 面板数据计量经济分析[M]. 北京:机械工业出版社,2010.

[47] 郝爱民. 农户消费决定因素:基于有序 probit 模型[J]. 财经科学,2009(3):98 - 105.

[48] 朱晶,王军英. 物价变化、贫困度量与我国农村贫困线调整方法研究[J]. 农业技术经济,2010(3):22 - 31.

[49] 李哲敏. 影响居民食物消费与膳食营养的因素分析[J]. 中国食物与营养,2008(7):35 - 37.

[50] 刘扬,邹伟. 收入增长是否一定带来营养改善和营养均衡[J]. 经济学动态,2011(6):77 - 81.

[51] 罗家宏. 我国货币供应量与农产品价格关系的实证分析[J]. 时代金融,2010(8):39 - 40.

[52] 吕开宇,张雪梅,邢鹂. 不同收入等级农村居民粮食消费的演变——基于住户收入分布函数的模拟分析[J]. 农业经济问题,2012(6):44 - 48.

[53] 米什金. 货币金融学[M]. 北京:清华大学出版,2009.

[54] 穆月英,笠原浩三,松田敏信. 中国城乡居民消费需求系统的 AIDS 模型分析[J]. 经济问题,2001(8):25 - 28.

[55] Dhanani S, Islam I. Poverty, Vulnerability and Social Protection in a Period of Crisis:The Case of Indonesia[J]. World Development,2004,30(7):1 211 - 1 231.

[56] Gebauer P, Paschke K, Anger K. Seasonal variation in the nutritional vulnerability of first-stage larval porcelain crab, Petrolisthes laevigatus (Anomura: Porcellanidae) in southern Chile[J]. Journal of Experimental Marine Biology and Ecology,2010,386(1):103 - 112.

[57] Stumpf L, Calvo N S, Pietrokovsky S, et al. Nutritional vulnerability and compensatory growth in early juveniles of the "red claw" crayfish Cherax quadricarinatus[J]. Aquaculture,2010,304(1):34 - 41.

[58] Hadley C, Linzer D A, Belachew T, et al. Household capacities, vulnerabilities and food insecurity: Shifts in food insecurity in urban and rural Ethiopia during the 2008 food crisis[J]. Social Science and Medicine,2011,73(10):1 534 - 1 542.

[59] Sonwa D J, Somorin O A, Jum C, et al. Vulnerability, forest - related sectors and climate change adaptation: The case of Cameroon[J]. Forest Policy and Economics, 2012,23(10):1 - 9.

[60] Shinde S S, Modak P. 2. 14 - Vulnerability of Indian Agriculture to Climate Change

[J]. Climate Vulnerability,2013,3(1):139-152.

[61] Quisumbing A R. Generating evidence on individuals' experience of food insecurity and vulnerability[J]. Global Food Security,2013,2(1):50-55.

[62] Kooten G C V, Folmer H. Land and forest economics[J]. Books, 2006, 91(1):94.

[63] Parker B, Kozel V. Understanding Poverty and Vulnerability in India's Uttar Pradesh and Bihar: A-squared Approach[J]. World Development, 2007, 35(2): 296-311.

[64] Krueger D, Perri F. Does income inequality lead to consumption inequality? Evidence and theory [J]. The Review of Economic Studies, 2006, 73(1):163-193.

[65] Ward J O, Sanders J H. Nutritional determinants and migration in the Brazilian Northeast: a case study of rural and urban Ceara[J]. Economic Development and Cultural Change, 1980, 29(1):141-163.

[66] Wolfe B L, Behrman J R. Is Income Overrated in Determining Adequate Nutrition? [J]. Economic Development and Cultural Change, 1983, 31(3):525-549.

[67] 郑有飞,李海涛,吴荣军,等.我国农业的气候脆弱性研究及其评价[J].农业环境科学学报,2009,28(12):2445-2452.

[68] 严奉宪,张钢仁,李潘坡.基于农户尺度的旱灾脆弱性研究综述[J].吉林农业科学,2011,36(6):52-54.

[69] 赵国杰,张炜熙.区域经济社会脆弱性研究:以河北省为例[J].上海经济研究,2006(1):65-69.

[70] 张红红.松辽平原黑土区生态环境脆弱性研究[D].长春:吉林大学,2008.

[71] 张海静.辽宁省自然灾害系统脆弱性研究[D].大连:辽宁师范大学,2009.

[72] 张国培.和谐视角下的民族地区农户贫困脆弱性研究:以西南民族地区为例[D].雅安:四川农业大学,2011.

[73] 黄建毅,刘毅,马丽,等.国外脆弱性理论模型与评估框架研究评述[J].地域研究与开发,2012,31(5):1-5.

[74] 江培龙,方凤满.自然灾害脆弱性研究进展[J].防灾科技学院学报,2012,14(4):54-59.

[75] 潘瑶,刘灵芝,陈正飞.农村居民粮食消费量的影响因素及变化趋势[J].华中农业大学学报(社会科学版),2011(3):26-30.

[76] 国情调查课题组.脆弱性与贫困:江苏李庄村实证分析[N].现代经济探讨,2009(7):44-47.

[77] Quintero M, Wunder S, Estrada R D. For services rendered? Modeling hydrology and livelihoods in Andean payments for environmental services schemes[J]. Forest Ecology and Management, 2009, 258(9): 1871-1880.

[78] Babulo B, Muys B, Nega F, et al. The economic contribution of forest resource use to rural livelihoods in Tigray, Northern Ethiopia[J]. Forest Policy and Economics, 2009, 11(2): 109-117.

[79] Nzeadibe T C, Anyadike R N C. Social participation in city governance and urban livelihoods: Constraints to the informal recycling economy in Aba, Nigeria[J]. City Culture and Society, 2012, 3(4): 313-325.

[80] Edirisinghe J C. Smallholder farmers' household wealth and livelihood choices in developing countries: A Sri Lankan case study[J]. Economic Analysis and Policy, 2015(45): 33-38.

[81] Haglund E, Ndjeunga J, Snook L, et al. Dry land tree management for improved household livelihoods: farmer managed natural regeneration in Niger[J]. Journal of Environmental Management, 2011, 92(7): 1696-1705.

[82] Wunder S, Angelsen A, Belcher B. Forests, Livelihoods, and Conservation: Broadening the Empirical Base[J]. World Development, 2014, 64(4): 1-11.

[83] Hogarth N J, Belcher B, Campbell B, et al. The Role of Forest-Related Income in Household Economies and Rural Livelihoods in the Border-Region of Southern China[J]. World Development, 2013, 43(1): 111-123.

[84] Myers R. What the Indonesian rattan export ban means for domestic and international markets, forests, and the livelihoods of rattan collectors[J]. Forest Policy and Economics, 2015, 50: 210-219.

[85] Belcher B, Achdiawan R, Dewi S. Forest-Based Livelihoods Strategies Conditioned by Market Remoteness and Forest Proximity in Jharkhand, India[J]. World Development, 2015, 66: 269-279.

[86] Babigumira R, Angelsen A, Buis M, et al. Forest Clearing in Rural Livelihoods: Household-Level Global-Comparative Evidence[J]. World Development, 2014, 64(1): 67-79.

[87] Worku A, Pretzsch J, Kassa H, et al. The significance of dry forest income for livelihood resilience: The case of the pastoralists and agro-pastoralists in the drylands of southeastern Ethiopia[J]. Forest Policy and Economics, 2014, 41(3): 51-59.

[88] Davies S. Adaptable livelihoods: coping with food insecurity in the Malian Sahel

[J]. Food Policy,1996,22(2):396 – 397.

[89] Porro R, Lopez-Feldman A, Vela-Alvarado J W. Forest use and agriculture in Ucayali, Peru: Livelihood strategies, poverty and wealth in an Amazon frontier [J]. Forest Policy and Economics,2015,51(51):47 – 56.

致　谢

本书是在导师岳上植教授的悉心指导下完成的。学海无垠，跬步初始，从学术入门到科研能力整体提升，从选题到定稿，岳老师始终给予我细心的指导和支持。导师学识渊博、诲人不倦，治学态度严谨，为人淡泊、宁静，其师德师风使我铭记在心、受益颇深。值此书完成之际，谨向导师岳上植教授致以诚挚的谢意！

感谢东北林业大学李顺龙副校长在百忙中给予我细致、全面的指导，感谢经济管理学院田国双院长的点拨、曹玉昆副院长的耐心指导和鼓励、耿玉德副院长的启发、李英教授的计量辅导。感谢万志芳教授、吕洁华教授、朱洪革副教授等对本书的结构以及创新研究等问题提出的诸多宝贵意见。

感谢东北林业大学和国家林业局联合启动的“重点国有林区民生监测”课题组的支持。感谢内蒙古克一河、伊图里河、乌尔旗汉，黑龙江清河、绥棱林业局的领导和职工对我采集本书数据的支持和配合，感谢李迪博士、林达博士等给予我的支持和帮助。感谢人民银行鸡西市中心支行领导和同事们的支持。

感谢林业经济管理博士班的全体同学，淳厚的同学友情是我博士学业中最美好的回忆。

感谢所有关心、支持、帮助我的朋友与亲人，是你们的关怀和帮助，使我顺利完成博士学业，是你们激励着我在未来的学术研究道路上要“乘长风破万里浪”，继续“上下而求索”！

王鑫罡